人間学×マーケティング

未来につづく会社になるための論語と算盤

KANDA MASANORI
神田昌典
IKEDA ATSUSHI
池田篤史
事業創造コンサルタント

致知出版社

THE HUMANICS× MARKETING

まえがき

あなたに今、魔法の杖を授けるとしたら——、

一体何を実現したいだろうか？

一攫千金《いっかくせんきん》をさくっと当てて、悠々自適《ゆうゆうじてき》に過ごしたいだろうか？　それとも、地域と日本の未来にインパクトを与える、やりがいのある事業に、社員とともに、長らく取り組んでいきたいだろうか？

あなたの夢が、「一攫千金」であれば、この本は、時間の無駄だ。何の役にも立たない。

私はマーケッターとして、お金儲けに即効性があるノウハウ本をたくさん書いてきたので、20年前の拙著を手にとっていただくほうが、まだお役に立てるだろう。

社会的インパクトをもたらす事業に興味がない人に、本書を手にとっていただく必要がない理由は、時間が限られているからだ。

少しでも先が見える経営者やソーシャルリーダーであれば、すでに感じとっているだろうが、第四次産業革命が本格的に幕を開けるポスト平成時代は、今までのインターネット革命など、子供騙しでしかなかったと思い知るほどの、経済および社会体制の変化を遂げ

ることになる。
その間、景気は乱高下《らんこうげ》しながらも、大阪万博やカジノ開設といった延命策によって、表面的には最悪の状況にはならないかもしれない。しかし、その裏で確実に起こるのは、新しい時代についていけない会社の大量廃業、そして人材の大量失業である。

これほどの環境変化の中では、会社は進化するか、それとも滅亡するか——。そのいずれかである。

あなたの会社は、どちらを選ぶだろうか？

もちろん進化したいと思う会社がほとんどだろうが、現実は厳しい。ほとんどの会社は、あとから説明する理由により、目前に崖が迫っていることを知りながら動き出せずに、表舞台から退場させられることになる。

しかし、逆に、「ここが正念場だ」と覚悟を決め、進化に挑んだ会社は、地域経済成長のための中核的役割を果たすと同時に、グローバル市場で大きく羽ばたく可能性をも摑《つか》むだろう。

その分かれ目となるのが、未来に向けて「新成長事業」の開発に取り組むかどうか。

未来にふさわしい新しい事業を生み出す決意こそ、進化と絶滅の分水嶺《ぶんすいれい》となる。

そして、その事業を成功させるために必要なのが、本書のテーマである「人間学」と「マーケティング」だ。


その結論に、私たちがたどりついた背景には、私たちのマーケティングの勉強会に参加する会社が、自らの可能性に気づき、新事業の開発を決意したのをきっかけに、劇的に変わったという事例を、何社も目撃してきたことだ。


そうした進化する企業の特徴とは何か。

昨今のベンチャー企業のように、デジタル技術でプラットフォームビジネスを築くような会社かといえば、そうではない。

昭和・平成を通して成長してきた、地域に根ざした会社であった。


そうした会社は、創業経営者が「自分は還暦を超えたので、今後、事業を縮小するのもやむなし」と悩んでいることが少なくない。

ところが、その経営者が、新成長事業を見出し、拡大方向に舵を切ることを決意した途端、銀行や商社といった一流企業のビジネスパーソンや医者になった優秀な後継者たちが、自らの事業に舞い戻ってきた。そして、その後、ほんの1～2年で、全く見違える会社へと生まれ変わった――。そんな企業が続出したのである。

実は、新成長事業に関しては、大企業や技術ベンチャーには真似できない、成熟業界の中小企業だからこそ、開かれている突破口がある。説明しよう。

新成長事業を起こせる三大領域

ＩＴと通信が統合した結果、引き起こされる第四次産業革命では、大雑把にいって３つの成長領域がある。

一番注目されているのは、ＡＩやＩｏＴといった、いままでのインターネットの先に生まれた新テクノロジー分野である。この領域は、市場は大きいが、ボッシュ、ＳＡＰ、ＩＢＭ、シスコ、Ａｍａｚｏｎ、Ｇｏｏｇｌｅ、日本企業では日立、ＮＥＣなどがひしめいている。ここは第四次産業革命の本丸であって、グローバル一流企業の独壇場。中小企業が参入していくためには、膨大な資金が必要だ。

2つ目の領域は、B2B(B to B)、法人向けに、インターネットを用いた高度な専門サービスを提供する事業分野である。メドピアが医療機関に提供している遠隔医療サービスや、弁護士ドットコムが提供している、クラウドによる契約締結支援サービス「クラウドサイン」などは、その一例だ。

こうした法人サービスは、今、急速に伸びていて、アメリカではマーケティング関連サービスでも、2011年の150から、2018年には7000を超えるまでに急成長している。インターネットは1990年代の後半から発達してきたものの、ECをはじめとしたB2C向けサービスに比べて、B2B向けの専門サービスは十分浸透していないから、まだまだ開拓の余地がある。

そして、3つ目は、今までデジタルとは無縁でいられた領域。例えば農業、医療、介護、飲食、ローカルな物流といった分野だ。この領域の企業は、例外なく、人手不足で悩んでいる。生産性を改善するためには、これから何がなんでもデジタルを導入していかなければならない。

GoogleやAmazonをはじめとしたGAFAが、全世界で覇権をおさめたとしても、「ラストワンマイル」と言われるように、自らがローカルな商店街の中に入っていて活動できるかというと、なかなかそれはできない。やはり、現地のことを知り尽くした、地域のローカルカンパニーと手を組むことが必要になる。

こうしたローカル領域、しかも衣食住に関わる伝統的な分野に、デジタルを持ち込むのは、実はまだまだガラ空きの状態である。生活に必須のサービスだから、たとえ今後、ハイパーインフレが起こって、金融危機が起こり、食料危機がきたとしても、なくなることはない。安定した領域である。


「1つ目の領域はもちろん、2つ目や3つ目のおいしい領域は、結局、日本の大企業が、取り込んでしまうのでは?」。そう考える人もいるだろう。

しかし、私の観察によれば、大企業はまず動けない。なぜなら、経営決定プロセスが機能不全を起こしているからだ。


私が監訳した『隠れたキーマンを探せ!』(マシュー・ディクソン他著)によれば、今、企業の購買決定に要する人数は、平均5・4人。そして購買決定に関わる人が2人以上になった場合、良質な決定ができる度合いが80%から一気に50%を切るという。

関わる人数が増えると、専門分野が異なる人たちがそれぞれ判断することになる。すると、全員の意見が一致するのは難しい。合意できるとしたら、「価格が安い」という分かりやすい指標だけ。すなわち、誰も責任をとる必要がない決定だけになるというのだ。

このような機能不全を起こした組織では、ありきたりの決定はできるのだが、重要な決定ができなくなっている。企業規模が大きくなるほど、変革が難しいのである。具体的に言えば、今のようなクラウド社会へ移行する中では、ＧＳｕｉｔｅやＣｒｏｍｂｏｏｋを導入すれば、一気に働き方改革は進み、生産性は目に見えて向上する。コストもさほどかからないのだが、既存システムをめぐる考え方の違いやしがらみがあり、そんな単純な決定すら、極めて困難になってしまっている。

もちろん、この大変革の時代に、機能不全を起こしたままでは未来がないと、誰でも分かっている。状況を打開するにはトップによる強力なリーダーシップが必要だが、機能不全を起こした組織でリーダーシップを発揮しようとすると、四方八方から刺されて、潰される。カルロス・ゴーンのように強権を持って大企業を変革してきたリーダーが逮捕されたことから類推できるように、成熟期にある大企業では、これほどまでに変革に犠牲が伴うので、誰ひとりとしてリーダーシップを取れない。そうした強力なリーダーシップを持てる企業は、極めてレアだ。

一方、中小企業は、組織を動かすためのリーダーシップがまだ機能する。

先ほどの例でいえば、中小企業の場合も、全社員にＣｒｏｍｂｏｏｋを支給して使わせたり、Ｇｓｕｉｔｅで業務を行うように強いたりすれば、ほとんどの現場は、当初、抵抗する。どんなに今の効率が悪くても、慣れ親しんだ仕事のやり方を変えることは、一時的に効率が下がるからである。

しかし、トップが理解し、そこを押し切って、決断した途端、ある程度デジタルツールに詳しい30代の若手社員は、「待ってました」とばかりに力を発揮する。だから、経営者が、やる気になって「デジタル変革を後戻りしない！」と決意すれば、新成長事業を起こせる領域に進出でき、大企業をはるかに超えた生産性をあげる可能性が満ちてくるのである。

強い企業文化をもつ中小企業が、これから「爆発」する

さらに、中小企業が有利な理由がある。特に、心を高める書籍等を丹念に読んでいる会社は、競争優位がある。その理由については、次の図をご覧いただきたい。

今、大企業が動けない理由は、デジタル技術を突破口に成長しようとすると、古い企業文化が免疫機能を発揮し、異物を排除しようとするからだ。新しいツールを導入した途端に、今までの企業の体制・ヒエラルキーが崩されることを察知してしまうので、受け付けなくなる。旧体制は、新しい変化をつぶしてしまうのである。

成長スピードと企業文化

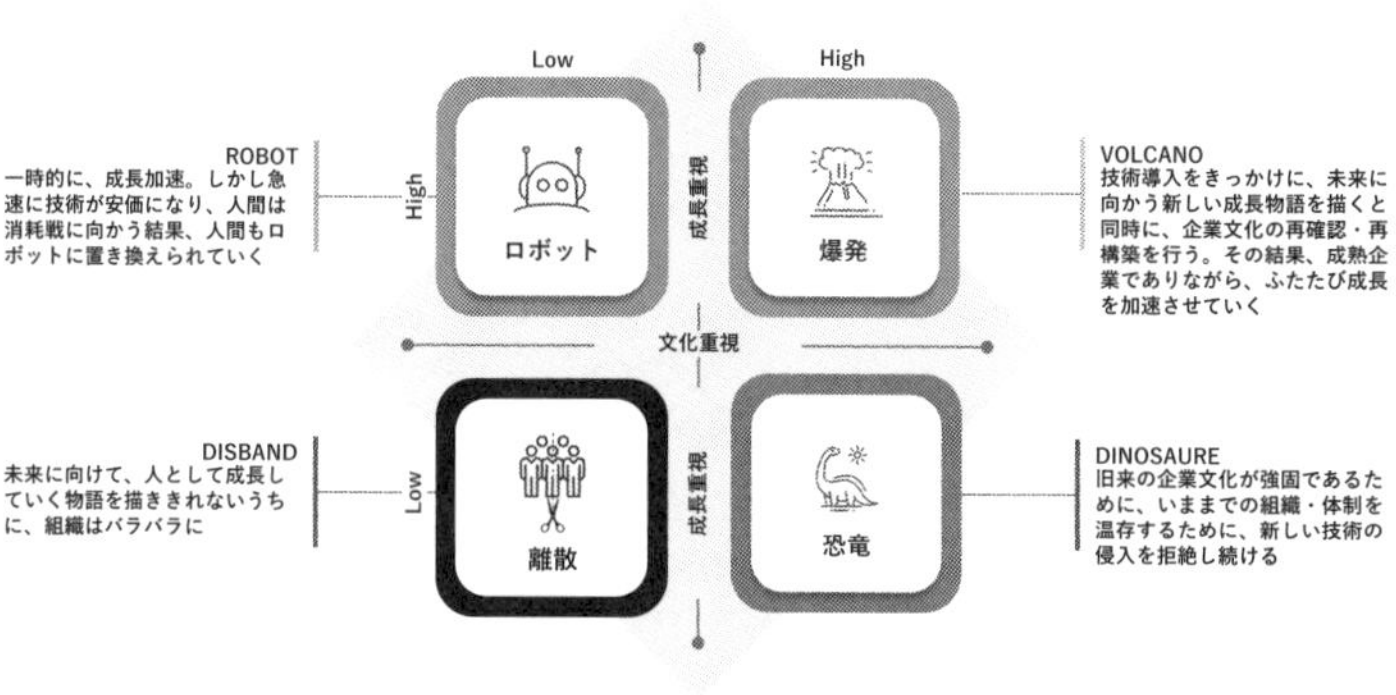
Low
High
ROBOT
一時的に、成長加速。しかし急速に技術が安価になり、人間は消耗戦に向かう結果、人間もロボットに置き換えられていく
High
ロボット
成長重視
爆発
VOLCANO
技術導入をきっかけに、未来に向かう新しい成長物語を描くと同時に、企業文化の再確認・再構築を行う。その結果、成熟企業でありながら、ふたたび成長を加速させていく
文化重視
DISBAND
未来に向けて、人として成長していく物語を描ききれないうちに、組織はバラバラに
Low
離散
成長重視
恐竜
DINOSAURE
旧来の企業文化が強固であるために、いままでの組織・体制を温存するために、新しい技術の侵入を拒絶し続ける

一方、ベンチャーは、歴史が浅いので、企業文化が築かれていない。だから急成長はするのだが、ある程度の成長を超えると、社員たちは離散してしまう。企業文化がない企業は組織が築けないので、バラバラになってしまうのである。特に上場後のキャピタルゲインだけを目的にした人たちは、すぐに離散してしまうので、成長が持続しない。

となると、残るは、中小企業だ。優良な中小企業は、企業文化がしっかりと築かれている一方で、新たなビジネストレンドを察知し、いち早く取り入れる柔軟さがある。こうした中小企業が変わることが、日本を元気にする一番簡単な方法だと私は考えている。

中小企業は圧倒的に数も多い。中小企業は、日本の全法人数の99・7％、つまり全従業員数の

69・7%を占める。大都市圏を除くと、中小企業に勤める従業員比率は85・0%と、さらに増える。

このように、普遍的な企業文化をしっかりと築いている企業が、変わっていく技術に機敏に対応することによって、爆発に向かえる。だから、この大変革の時代は、大企業よりも、新しい時代に敏感で、新しい時代の技術をビジョナリーに実行できるオーナー企業が非常に有利なのである。

「とはいうものの、私の会社は、もう創業20年、難しいでしょう?」

といわれるかもしれない。

そこが、盲点だ。

実は、創業後20年経ってから、本格的な成長を始める会社は多い。

例えば、100円ショップのダイソーは、1972年に創業。第1号の直営店をオープンし、チェーン展開を本格化したのは、創業19年の1991年のことだ。それが今や海外26カ国で5000店を展開、売上は4500億円に成長した。

ソフトバンクも創業20年の時点で、営業利益はなんと240億円の赤字。その後、ビジネスモデルの大転換を果たし、現在は売上9兆円超、営業利益は1兆円超のグローバル企業へと成長した。

他にも、Apple、スターバックスをはじめ、創業20年を経てから、本格的成長を果たしている企業を探し出したらキリがない。高い利益を安定的に出す「稼げる企業」になる割合は、20年未満が12・3％なのに対して、20年を超えた企業は26・7％と一気に倍増するデータもある。

要は、地域の成熟企業こそが、未来に向けて地域の繁栄を牽引していく新成長事業の種子を宿しているのである。

飛躍する組織をつくる、2つの柱

では、どうすればその種子の芽を出し、花を咲かせられるようになるのか？

そのために重要なことこそ、「人間学とマーケティング」に他ならない。

まず、マーケティングとは、顧客を創造する技術である。「企業の目的は顧客を創造すること』」とドラッカーも言っているように、この技術が必要とされていることは疑いようがないだろう。

「『顧客を創造する』のは、マーケティングというよりも、むしろ営業の仕事ではないか?」と思われるかもしれない。確かに、顧客を創造する業務は、以前は、営業スタッフによって行われていて、顧客のもとを訪問するスタッフの頭数が必要だった。しかし、今は、効果的な営業活動を行うためには、デジタルマーケティングが不可欠だ。そのためには、顧客と直《じか》に接する業務だけでなく、広範な業務全体を理解・設計する必要が出てきた。

すなわち、見込み客を集めるための広告出稿、見込み度ランキングに応じて個別に適切な対応をしていくマーケティングオートメーション、インサイドセールス。さらには、お客様に購入していただき成約してからの問い合わせ対応、おすすめ商品の紹介や紹介促進……。

このように、見込み客の獲得から生涯価値の最大化まで、すべてが数値で把握されるようになっている。未来に向けて会社を生まれ変わらせることができるのは、デジタルマーケティングの人材をどうやって育成・確保するのか、で決まるといっても過言ではない。

しかし、中小企業がデジタル・マーケティングの人材を確保するのは、極めて困難だ。

そうした人材は引く手あまたなので、どんどん給料が上がっている。人材採用の広告をうって、運良く即戦力を確保できたとしても、より報酬などの条件が良い会社が見つかると、すぐにそちらに移ってしまう。だから、中小企業は、採用から育成へと人事戦略を切り替えていかなくてはいけない。

その時に重要になるのが、先ほど話したような「強い企業文化」であり、「人間学」だ。今まで培ってきた「人間学」の豊かな土壌の上に種をまくからこそ、種は芽を伸ばし始める。逆に言えば、人間学の土壌がなければ、人材を育てることはできない。

このように、重要な2本柱である「人間学とマーケティング」。

それを強化するためには、企業では、どんな知識を学び、何を共通言語とし、どんなツールを活用していかなくてはいけないのか。私たちがコンサルティングの実務を通して掴み取った知恵をお伝えするのが、本書である。

マーケティング分野においては、顧客こそ競争優位性の源泉であるために、いたずらに抽象論にページを割くことなく、NPS（ネット・プロモーター・スコア＝顧客ロイヤルティ）やCES（カスタマー・エフォート・スコア＝顧客努力指標）といった、シンプルながら、中小企業にとっては非常に即効性のある方法論も紹介する。人間学については、特にオーナー企業の経営者が悩みがちな点である、経営者と社員の意識の分断を、新成長事業の構築を突破口に、解消していくプロセスをご紹介する。

私どもの観察によれば、ほとんどの経営問題は、社長―幹部―社員間のコミュニケーション障害から発生する。しかし、それが一向に改善しないのは、市場開拓していくためのマーケティングと、リーダーシップを発揮するための人材育成とをバラバラに取り組んでいるからだ。あくまでも、新しい時代に成長しつづけるビジネスモデルをつくりあげる結果として、社長―幹部―社員間のコミュニケーションが必然的に深くなり、マーケティング力も人間力も身につくのだ。

暗黙的知性（タシットインテリジェンス）へのアプローチ

新成長事業を成長させるための2つの柱は分かった。

しかし――、そもそも、肝心の新成長事業を生み出す、すなわち0から1を生み出すのが、難しいんじゃないか！

と言われるかもしれない。

しかし、新成長事業のアイデアを生み出すことは、私どもが最も得意とするところである。そこで、簡略ではあるが、そのプロセスについても、7章で記載した。

実は、このプロセスについては、今まで本として発表することを躊躇《ちゅうちょ》してきた。決して出し惜しみをしているわけではないのだが、今までのコンサルティングアプローチとは、大きく違っていて、非常に言葉で説明しがたい内容だからだ。

今までのコンサルティングアプローチ、具体的に言えば、市場・競合を分析し、自社の強みを分析し、それに基づいて戦略を組み立てるといった活動は、すべて顕在意識で行われる。ロジカルを駆使して作られた事業アイデアは、誰もが会議室で発表できるのだが、担当者のやりがいや情熱が伴わず、結局、立ち上がることがない。

ところが、私たちの場合は、あなたの会社ならではのビジネスモデルが降ってくる場をつくりあげる、ユニークな創造的問題解決ノウハウをもっている。そのプロセスは、「降ってくる」と言うしか説明しようがない感覚で、言葉で分かりやすく説明しがたい世界だ。

この創造的問題解決手法では、未来から逆算し、架空の物語を創作していく。この架空の物語には「利他の原則」がある。自分だけがエゴで幸せになっていくのではなく、他の誰かの幸せを優先して考えていく、という物語を描くのだ。そうすることで、利他の力を最大限に活用し、組織に内在した、未来に向けての暗黙的知性を発揮してもらう。

その過程では、思いもよらないビジネスモデルを見出せるだけではなく、同時に、積み重なって絡み合ったさまざまな問題を一挙に解決できる。

その会社ならではの未来が浮かび上がると、その会社という場を構成しているすべての人の力が必要になり、分野・部署を超えた協力関係が生まれる。その結果として、社員間に山積した、さまざまなわだかまりが昇華して、会社に未来を照らす光が差し込むのである。


この組織変革に向けた創造的問題解決手法を、私たちは、10年以上前から伝えてきている。これまでは、主に大手企業のチームを率いるマネージャークラスが、積極的に学びにくることが多かった。中小企業の組織変革というコンサルティング活動に活用し始めたのは、この4年ほどである。実際、中小企業でもうまくいくのかどうかを検証してきた。

その結果、創造的問題解決プロセスを通じて、組織の現況を見極めること、その組織が未来に向けて急成長する上で、今、取り組まなければならない「深層テーマ」を見出すことについては、１００％再現できることがわかった。

それを実際の現場で指揮してきたのが、共著者である池田篤史である。

彼は、そもそもコンサルタントを目指していたわけではない。教育畑の人間で、誰よりも深く個人の成長に対してコミットし、個人の成長とチーム力を引き出すことを得意としてきた。その彼が中核となり、組織の暗黙的知性を浮かび上がらせ、未来にとって必要な事業を構築・実現していく手法をいくつもの企業で取り組み、実証してきた。

このプロセスは、体験してはじめて、その効果が分かる。どうしても言葉にしづらいので伝えてこなかったのだが、そろそろ我々のコンサルティングアプローチについてご理解いただける時期が整ったのではないかと考え、今までの経験を本書で共有することにした。

このアプローチを体験した企業の多くからは、「まるで魔法のようだ」との声をいただくこともあるが、ぜひとも経営者の皆さんにも、その一端を感じとっていただき、旧来の外資系コンサルティングの合理的なアプローチとは異なる、私たちが見出した日本発のアプローチに対して、厳しくご評価をいただきたいと考えている。

正直なところ、「人間学とマーケティング」という壮大なテーマについて、一冊の本で語り切れるとは思わない。深い人間愛を持ったリーダーたちが出会い、今までバラバラで結びつかなかった「人間学とマーケティング」という2つの概念をつなぎ合わせる、意義ある探求があちこちで始まることが、我々の何よりもの願いである。

それでは、今まで人間学を探求してきた組織、マーケティングばかりを追求してきた組織それぞれが、どのように、未来に向けての成長の扉を開くことになるのか？

本書であなたの会社を進化へとご案内するための、魔法の杖を授けることにしよう。

2019年1月

神田昌典

人間学×マーケティング
未来につづく会社になるための論語と算盤

目次

第2章 ―― 会社の深層課題と価値を言語化せよ 社長も気づいていない真実を浮かび上がらせる方法

第3章 ―― 幹部が自身と向き合い、社長・幹部同士が「つながる」方法

第4章

未来のビジネスモデルを構想する

第5章

問われる社長の英断

第6章
実践を通じて未来のリーダーを見極め、人と事業を育成する

第7章

新成長事業をつくる

装　幀——秦浩司（hatagram）
編集協力——柏木孝之

序　章

「論語と算盤」に通じる
「人間学とマーケティング」

1週間で立て続けにきた、2社からの問い合わせ

師走。寒さが身にしみはじめてきた季節に、
1週間で、立て続けに2社から相談がはいった。

田舎にある本社。
社長は人格者。お客様・社員想いで、
人徳が滲《にじ》みでている。
人を大切にする年輪経営である。

もう一方の会社は、
高層ビルに本社を構える。
社内の批判・悪口が、次から次にでて止まらない。
しかし、独自のビジネスモデル、高い収益率、潤沢《じゅんたく》なキャッシュ。
ビジネスライクな急成長企業である。

一体、何が問題なのだろうか？

わたしは、いつものとおり高確率セールス〔1〕の確認のプロセスをたどる。

「どうしてコンサルティングが必要だと思われるのですか？」

各社とも「売上・収益をあげたい」という。

確かに、テクニックを使えば、目先の売上はあがるだろう。

ただ、仮に、今すぐ売上をあげる方法をとったとしても、

「未来へつづく会社」になれるか？

と問われたら……否。

いずれも、複雑に絡みあう、深刻な問題を抱えているからだ。

この2社が、

「未来へつづく会社」になるには、

一体、何が必要なのだろうか？

この相反する2社を比較してみた時に、
ふと、浮かびあがった1冊の書があった。
『論語と算盤《そろばん》』である。
前者は、論語会社、後者は、算盤会社。きれいに分別できるではないか。

本書は、この「論語と算盤」をテーマとしている。
中小企業が未来につづく会社になるために、いかにして「論語と算盤」を自社に落とし込んでいくかについて、実体験を通じて、その具体的方法について述べた活用書である。

結論から言おう。わたしどもの考えは、

今からの時代、
「論語と算盤」を兼ね備えた会社こそ、
未来へつづく会社である。

というものである。言いかえると、今のうちに、**論語と算盤を兼ね備えていない会社は未来に生き残れない**とも言える。

それでは、現在の中小企業は、一体どれくらいの会社が双方を兼ね備えているかというと……「残念ながらほぼ皆無だろう」というのが私どもの見立てである。

そう思うに至った背景には、事業周辺の環境変化、つまり、時代の変化があまりにも急激すぎるということがある。それゆえ、中小企業の経営者は、その急激な変化にばかり気がいき、取り残されまいと必死に不安を抱きながら経営し、バランスを保つことが難しくなってきている。その様子は、どの会社からもひしひしと伝わってくるのだ。

確かに、身の回りだけ見ても、

・スマホ1つで、TVも決済もカメラも健康管理も、何でもできてしまうように。
・ネットで、もうたいていの商品購入・サービスが受けられるように。
・新卒採用の中小企業（従業員300人未満）の求人倍率は今や10倍に。人が採れないことを肌で実感。＊『NIKKEI BUSINESS』2018年11月5日より
・外国人が働く姿は、身の回りでも普通に見るように。

・働き方の意識、環境の変化は歴然。テレワークなど当たり前に。

これらはまだまだ序の口で、ここからさらに技術革新は進んでいく。この急激な変化に追いついていこうとするさまは、あたかも江戸から明治に変わる時代に、武士がちょんまげを切り落とし、散切《ざんぎ》り頭にした時と同じレベルのありさまであろう。

では、この混迷する時代の変わり目に、中小企業の経営者は、一体どういった気構えでいればよいのだろうか？

なぜ今、「論語と算盤」が必要なのか？

過去、名だたる経営者たちは、歴史上、偉大な成果を遂げた人物や書籍、いわゆる古典からの英知を自らの経営に生かしてきた。今の状況によく似た大きな変わり目の時代に生き抜いた実業家。それでいて、圧倒的な成果を成し遂げてきた人物。それこそが、『論語と算盤』の著者である渋沢栄一氏（１８４０―１９３１）である。

その功績たるや、東京証券取引所、サッポロビール、みずほ銀行、帝国ホテル、明治神宮、聖路加国際病院……設立や育成に関わった会社は、実に、約500社、それ以外に約600の社会公共事業や民間外交。日本の実業界、ひいては資本主義の制度を設計したといわれ、後世では、「日本資本主義の父」「実業界の父」と呼ばれ、ノーベル平和賞の候補にもなった。

渋沢氏は江戸から明治へ大きく変わりゆく時代に、新たなものを次々と取り入れては、業種関係なく、今日まで残る企業を次々に創りあげた。

経営・マーケティングの優れた才覚を持っていたにもかかわらず、三菱、三井財閥というような「渋沢」の名を冠した企業はほとんどない。「利益の独り占めは道徳に反する」という言葉を語ったといわれることからも、その人物像が見てとれる。

渋沢氏が偉大とされる理由は、資本主義の制度を設計しただけではない。今から100年以上も前に「資本主義」や「実業」が内包していた問題点を見抜き、その中和剤を経営システムのなかに織り込もうとした。

「日本資本主義の父」「実業界の父」と呼ばれ、ノーベル平和賞の候補にもなった故・渋沢栄一氏（写真＝国立国会図書館）

問題点とは、もともと「資本主義」や「実業」とは、自分がお金持ちになりたいとか、利益を増やしたいという欲望をエンジンとして前に進んでいく面があるという点だ。もちろん、これは成長するときには必要なものだ。しかし、そのエンジンはしばしば暴走し、大きな惨事を引き起こす。

日本に大きな傷跡を残した１９８０年代後半からのバブル景気、昨今の金融危機、相次ぐ大企業の不祥事など、この種の例は枚挙にいとまがない。渋沢氏は「実業」や「資本主義」には、暴走に歯止めをかける枠組みが必要だと考え、その手段が『論語』であった。

渋沢氏は「商才は『論語』によって養える」とまでいう。

ここに現代の経営におけるヒントがある。

『論語』とは、古代中国の思想家、孔子の教えを弟子たちが書き留めた書である。紀元前5世紀頃に記されて、現代でもなお広く語りつがれ、人の生きる道や考え方、道徳を述べている。

その内容は、「人はどう生きるべきか」「どのように振る舞うのが人としてよいのか」といったもの。現代でいうところの道徳であり、仕事や人生との向き合い方、働くことに対しての考え方、つまり「人間学」と置き換えられるだろう。

一方、算盤は、現代語訳において、カネ儲けと訳されている。現代でいうところのお金を稼ぐ営利活動や事業のことだが、この観点でいうと、ソロバンは商売、つまり、マーケティングと置き換えられるといえるだろう。というのも、現代においてマーケティングは、ひと昔前の「集客」という枠組みから、今やその枠をはるかに超えて商売全体そのものになっているからだ。

『論語と算盤』の中に、このような一説がある。

> ソロバンは、『論語』によってできている。
> 『論語』もまた、ソロバンの働きによって、
> 　本当の経済活動と結びついてくる。
> だからこそ『論語』とソロバンは、
> とてもかけ離れているように見えて、
> 　実はとても近いものでもある。

ともすると、この言葉も次のように変換できるのではないだろうか。

マーケティングは、「人間学」によってうまくいく。
「人間学」もまた、マーケティングによって、
本当の意味で世の中を潤していくことができる。

つまり、「人間学」とマーケティングは、
とてもかけ離れているように見えて、
実はとても近いものでもある。

現在、わたしどもは、様々な会社の経営支援をしているが、
この言葉には、

「これほど的確に、現在の経営課題を解決する
絶妙な表現はない！」

と感動すら覚える。今の日本の中小企業が持つべき考え方といえるだろう。

ちなみに、『論語と算盤』は、ここ数年でもビジネスパーソンの間で再注目を浴びている。30歳にして筑波大学学長補佐、経営者でもある落合陽一氏が幼少の頃から読んでいたことや、メジャーリーグで二刀流として新人王を受賞した大谷翔平選手が、北海道日本ハムファイターズの栗山英樹監督から勧められていたことでも話題になった。この2つを併せ持つことは、世代を超えても、この混迷する時代の変わり目の強い指針といえそうだ。

「論語と算盤」が身につかない現代の3つの理由

「論語と算盤」を兼ね備えた会社こそ、今からの時代に未来へつづく会社であると述べたが、それはとどのつまり、「人格形成された稼げる人材」が会社内に溢れている状態ということになる。

しかし、そのような人材は、今の中小企業に一体どの程度いるか？ということ、ほんの一部の人間のみといっていい。なぜなら、それを実現するには、2つの重い扉と、3つの壁があるからだ。

1つ目の扉は「経営者が」いかに在るか？

リーダーとなる経営者自身が、身をもって体現する必要がある。しかし、今はあまりにも変化が激しい時代がゆえ、経営者も物質主義、精神主義のバランスを崩してしまっている傾向がある。

もう1つの扉は「社員が」いかにそれを学ぶか？　だ。

大切だと理解はしていても、これがいかに困難なことか、少し想像しただけでも分かるだろう。中小企業の「社員が」学ぶには、3つの壁があると考える。

1つ目の壁は、時間的な壁。日々の目の前の業務で手一杯であるのに、働き方改革、ワークライフバランスといった風潮もある。限られた時間、輪をかけて残業時間も削られている。今を生きるのに必要な売上を止めてしまうわけにもいかない。業務の中で実施するのは、まず、非現実的である。

2つ目の壁は、資金的な壁。会社が環境を整えるにはお金がかかる。高くはない収益率、やっとの思いで生んだ利益。社員に賞与として還元したり、未来への投資に回したいという気持ちもあるだろう。限られた資金の中で、社員教育に投資するということは、経営者にとっても相当な余裕と覚悟がないと決断しづらい。

最後、3つ目の壁は、学び方・学ばせ方の壁だ。『論語』では何を学ばせ、算盤では何を学ばせるか？それが分からない。できたとしても個々の能力や到達度に合わせ、考慮しなければならないし、その術を知る由も無い。自主性を重んじるのも、もちろん手だ。しかし、「論語と算盤」を自学で学ばせようというのは、例えるならば、ただでさえ国語や算数の授業を理解するだけで大変な子たちに、「道徳」と「商売」を自学自習で同時に学ばせ、さらには実践を強いるようなものだ。

以上からも分かるように、中小企業において、「論語と算盤」（人間学とマーケティング）を兼ね備えた社員を育てることは極めて難しい。結局のところ、〝未来につづく会社は「人間学とマーケティング」を兼ね備えた会社である〟と理屈で分かっても、「そんな人材はいません。育てるのも無理です」となってしまう。

このような状態下で、
はたして、中小企業は「人間学とマーケティング」の2つを本当に、兼ね備えることができるのだろうか？
そして、未来につづく会社になれるのだろうか？

これが本書の中心テーマとなる問いであり、それを「解き明かす鍵」を、これをお読みのあなたに、手渡すことに果敢に挑んだのが本書である。

そもそも、わたしどもの会社は、1998年に『小予算で優良顧客をつかむ方法』（ダイヤモンド社）を上梓《じょうし》してから、20年にわたり、マーケティング手法を提供してきた算盤会社である。
中間業者を介さずに、直接、見込み客とつながり、上得意へステップ式に育成していくダイレクト・マーケティングの手法を提唱してきた。
近年では、こうした一連のマーケティング活動が、ITの進化に伴ってますます洗練され、ついには顧客獲得が自動化されるマーケティングオートメーション（MA）というものにまで進化を遂げている。

さらに、マーケティングの概念は、今や経営の根幹に及ぶ範囲にまで広がった。その領域たるや、経営戦略、商品ごとの粗利額、収益性の指標となる利益率、ビジネスモデル、ポジショニング、顧客を創造するコピーライティング、生涯にわたりお客様との関係を構築するためのマネジメント、お客様を獲得するための1人あたりの単価、各営業プロセスの率、最近では、KGI[2]とかKPI[3]といった点にまで及ぶ。そして、そのほとんどが、数値・計測化（デジタル化）できるようになった。

そういった時代の変化にも応じながら、20年の月日を経営コンサルタントとして、お客様の売上をあげることに関する価値を提供してきたわけだ。

売上をあげることに関する書籍では、『あなたの会社が90日で儲かる！』『口コミ伝染病』『売り込まなくても売れる！』（いずれもフォレスト出版）『60分間・企業ダントツ化プロジェクト 顧客感情をベースにした戦略構築法』『全脳思考』『稼ぐ言葉の法則』『ストーリー思考』（いずれもダイヤモンド社）などがある。これら算盤手法を中心にした書籍は販売部数累計３５０万部を超えた。

その書籍一つひとつの影響は、十数年経った今でもあり、数多くの中小企業の社長から「この本を手にしたおかげで、会社が倒産の窮地から救われました！」という生の声を耳にする。大げさな話のように聞こえるが、「身を投げようと思っていたところ、神田さんのピンクの本を手に取って、最後にこれだけを実践してみようと思ったところから、今日の自分がある」という話を直接聴かされることもある。

もちろん、わたしどもの会社は、これらの算盤手法を、最新のものから王道のものまで駆使して、お客様の状況に合わせて支援している。

しかし、ここにきて算盤手法の提供だけでは、お客様の企業は結果をあげることが難しくなってきていると感じている。なぜなら、お客様の社内には「従来とは異なる人の問題」が生じているからだ。

まず、ひと昔前のようにお客様の社内に人がいない。採用も難しく、さらには定着もしないという状況になった。その上、算盤の手法には、Ｇｏｏｇｌｅ、Ａｍａｚｏｎ、Ｆａ ｃｅｂｏｏｋ、さらには、Salesforce、その他ＳＮＳといったデジタルツールの扱いがつきまとう。加えてこの技術革新スピードは、とどまるところを知らない。

このような状況が影響し、ここ数年で中小企業は、右手に算盤、左手にも算盤という傾向が強くなり始めている。本来、両手利き経営を目指していた企業でさえもそれが叶わなくなってきてしまっているのだ。

実のところ、わたしどものような国際的マーケッターといわれる代表が率いる会社においても同じであった。ここ数年は、わたしどもも、かなりの苦労を経験した。だからこそ、その苦しみが痛いほどよく分かるのだ。

具体的には、社員と専門家パートナーのハイブリッド経営。上場企業のデジタルマーケッターを社員登用し、専門家とも協業しながら、次から次へと進化する技術革新のスピードに応じ、ＩＴツールの導入と切り替えの対応。新たなサービスを開発しては、テストマーケティングし、新しい成長事業へと育てていく。このめまぐるしいスピード感に、私どもも必死であったというのが正直なところだ。そして今ようやく、その必要性と内容をお伝えできるまでに整理できたというわけだ。

そういうわけで、お客様と自社の経験を通じて「右手に論語、左手に算盤の両手利き経営でなければ、この時代の変わり目に、会社は生き残ることができない」と断言できるまでに至った。

このことを世の中小企業の経営者に伝えなければならない責任・義務感を抱《いだ》いていたが、身近な中小企業のお客様に提供することで目一杯で、なかなか広くお伝えする余力も機会もなかった。

ところが、そのきっかけを与えてくれる出会いが訪れた。創刊40年を迎えた人間学を学ぶ月刊『致知』を発行する致知出版社様からの取材依頼であった。月刊『致知』（2017年11月号）「一剣《いっけん》を持して起《た》つ」特集に掲載いただいたのだ。「マーケティングで会社の未来を開く」というタイトルで、本書の内容の一部を、事例を踏まえてお伝えしたところ、これが大きな反響を呼んだ。『致知』の愛読者である見識ある経営者から問い合わせを複数いただいたのだ。

話をお聞きすると、さすが『致知』を読まれてきた「論語会社」である。社員教育が行き届いている会社もあれば、経営哲学をしっかりと自社に取り込もうと学ばれている会社

特集　一剣を持して起つ

マーケティングで会社の未来を開く

神田昌典

月刊『致知』２０１７年11月号は、大きな反響を呼んだ

ばかりである。そのような論語会社であれば、「わたしどもがお役に立つこともないだろう」と最初はそのように思っていた。

しかし、深く踏み込んで話をお聞きしていくと、その気持ちは妙な不安に変わっていった。人格の優れた「論語人」や「論語会社」であっても、なにしろこの変化とスピードだ。今の時代特有の算盤に関する取り組みが遅れている。それがゆえに、ゆっくりと体全体を蝕んでいく病にかかっていたのだ。そして、緩やかに業績が低下、本来の強みである人にまで侵食してしまっていた。

「これは、まずい」

不安が胸を打つ。このような会社の話を何

社も聞くと、この誇り高き日本の中小企業を未来に継続させなければならない、という強い意志が芽生えてきたのだ。

時を同じくして、算盤がめっぽうに強い中堅企業からの相談も入ってきた。こちらはこちらで、潤沢な資金を元にした盤石経営と思いきや、根深い問題を抱えていた。どれだけ算盤が強くても、論語が伴わなければ、たちまち人の問題で組織が崩壊する。伸びるのも早ければ、落ちる時も急激な売上ダウンに見舞われていたのだ。

従来、わたしどもが支援してきた会社のほとんどは「マーケティング手法を得たい」という要望のある会社であった。それがゆえに、より高いマーケティング技術を得ることを目的として、わたしどものところに学びにこられている。

しかし、「圧倒的に論語を学ばれてきた、一定規模以上の論語会社」「算盤ばかりに目を奪われてきた一定規模以上の算盤会社」を支援する機会はなかった。それが、このタイミングで、論語会社がマーケティングに関する導入スピードが圧倒的に遅いということ、算盤会社がマーケティングばかりに気を取られ、人の問題で深刻な業績悪化をしていることが判明した。これが、少し時代的に前であればまだしも、今のタイミングにおいては致命的になってしまうだろう。

こうして「論語と算盤」、２つの観点から検証できたのも、ここまでご一緒いただいている４００社ものお客様、ならびに致知出版社との出会いによって得られた知見である。この場を借りて、深く感謝申し上げたい。わたしどもが体系化したものをこのような形で書籍にして、お伝えすることで恩返しになれることを願っている。

未来につづく会社になるための７つのレッスン

実は、わたしどもには2つの事業の柱がある。

ここまで触れてきたように、20年もの間、中小企業の経営支援、マーケティングに関する事業を行なってきた。ただ、それだけではない。

もう1つの事業領域は「教育」である。「教育」については、クリエイティブクラスの

ための ビジネススクールを15年にわたり運営。延べ登録者数20万人強、年間平均で100名近くのビジネスリーダーの教育を行っている。具体的には、マインドマップ、フォトリーディング、ビジネスモデルやマーケティング関連の講座を開講してきた。

その教育ビジョンは〝人工知能が普及し、人間とは何かと問われる時代に、人間の貴い役割を問い続け、より調和に満ちた平和の世界を築く礎となれるよう2050年までに「新・知識創造」のメソッドを習得したファシリテーターが世界中すべての組織で活躍する時代を築く〟というものである。

「新・知識創造」のメソッドとは、誰もが生まれ持った才能を発見・活用しながら、個人と社会の繁栄・幸福をつくりあげる方法のこと。人材開発（人材価値の創造）、そして事業開発（事業価値の創造）の二分野を統合・連動しながら、結果を創出するメソッドをそう呼んでいる。

この、人と事業を育てるビジネスリーダーの思考スキルや結果をあげる技術を、加速的に習得する教育を15年間提供してきた。

そのため、論語と算盤の両方を持ち合わせたリーダーが必要であるということは、わた

未来につづく会社になるための７つのレッスン

章	NO	対象	テーマ	論語/算盤
序章	全体解説	経営者	未来につづく会社になるための論語と算盤（全体解説）	
１章	レッスン１	経営者	社会の変化と、自社の現状を受け入れ、冒険にでる	算盤
２章	レッスン２	経営者	トップが真の価値と課題を発見し、決意する	論語
３章	レッスン３	幹部	幹部が自身と向き合い、社長・幹部同士をつなげる	論語
４章	レッスン４	経営者・幹部	未来のビジネスモデルを構想する	算盤
５章	レッスン５	経営者	実行決断し、 プロジェクト設立・人選・具体的計画を進める	算盤
6・7章	レッスン６	経営者・幹部	実践を通じて未来のリーダーを見極め、人と事業を育成する	論語と算盤
８章	レッスン7	社員	全従業員とつながる組織学修をおこなう	論語と算盤

＊１　未来につづく会社になるための７つのレッスン

しどもの社内でずっと議論がなされ、これを組織にまで落とし込むノウハウについて自社で何度もトライ＆エラーを繰り返してきた。そして限られたご縁のあるお客様である中小・中堅企業にだけ提供してきたのだ。

このようにして、20年もの間、それぞれの領域を突き詰めてきたものを統合し、結晶化させた独自の方法論が「**未来につづく会社になるための７つのレッスン**」である。（＊１）

以降の章では、中小企業がいかに生まれ変わるかの具体的方法やツールとレッスン内容を、実例を交えて解説していく。経営者、幹部、次世代の若手ビジネスリーダーにまで参考になるよう、分かりやすい仕立てに書き上げたつもりだ。

なお、この7レッスンは、何も中小企業だけでなく、一人のビジネスパーソンが事業を起こすまでの成長プロセス、大企業の事業部や部門・部署を成長させるプロセスにも当てはまる。また、論語会社、算盤会社のタイプ別に、それぞれで起こりやすい障壁のポイント、さらには会社の規模別で、どこまでレッスンを実施するかにまで言及した。（＊2）

よって、メインとなる読者は、中小企業の経営者、幹部の方が対象となるが、もちろん、ビジネスパーソン、大企業の部門責任者にも役立つ。

本書を通じて、今を真剣に生きるリーダーが、経営に対する不安や悩みを解消し、成長と発展を遂げるための活力を得ていただくことを切に願う。

あらかじめお伝えすると、本書は今すぐ売上をあげるためのテクニックをお伝えするものではない。本質と向き合い、人間の弱さと純粋さ、卑しさと素晴らしさ、社内で起きる泥くさい出来事、魑魅魍魎《ちみもうりょう》とした人間関係にも触れる。もし、あなたがすぐに結果の出るテクニックだけを期待するのであればお勧めできないが、日々の仕事に真剣に向き合い、未来から応援される会社にしたいと心から願い、行動を起こすリーダーの力になれれば幸いだ。

規模・ステージ（年商）	社員数目安	適用範囲
スモールビジネス～１億円以下	従業員5人以下	**1・2・4章**
小規模 １億～５億円	～25人以下	**1～6章**
中規模 ５億～１０億円	～150人以下	**1～7章**
中堅規模以上 １０億～数百億円	150人以上	**1～8章**

＊2　本書の活用の仕方（会社規模別）

第1章

あなたの会社を経営危機へ
ゆっくりと進行させる「魔物の正体」

あなたは、論語人？　算盤人？
あなたの会社は、論語会社？　算盤会社？

あなたは、論語人だろうか？算盤人だろうか？
それとも、両方バランスよく兼ね備えているだろうか？

言うは易く、行うは難し。

「長い目での信頼を取るか？
それとも、目の前のお金・売上を取るか？」

「この人は我慢して育てるか？
それとも見切りをつけるか？」

「この事業をつづけるべきか？
終えて別を試していくか？」

「自社の伝統を貫いた方がよいか？
お客様に合わせた方がよいか？」
このような論語と算盤の狭間での悩みが絶えないのではないだろうか。
もう1つ質問。今度は、あなたの「会社」についてだ。
あなたの会社は、論語会社だろうか？ 算盤会社だろうか？
それとも、両方バランスよく兼ね備えているだろうか？
わたしどもに相談にくる経営者との会話は、次のような傾向に分かれる。
論語会社の傾向は、
「うちのサービスは、お客様からの評判はいいんですよ。
だけど、ぜんぜん儲からない。お金が残らないんです……」

一方、算盤会社は、次のような傾向だ。

「ここ数年、業績は右肩上がりで、伸ばしてきました。
ただ、この1年は、結果は極めて悪かった。
過去最悪の下げ幅で、社員もかなり辞めていきました」

社会変化を捉え、自社の現状を受け入れているか？

実は、わたしどもの会社が実際に支援することになる会社の経営者に共通した特徴は、何か強い直感力のようなものを持たれている。問い合わせされる前から、何かを感じとられているのだ。その何かというのは、一言で言うと「**社会の変化**と、**自社の現状**」だ。

これを感じとれる直感力があるかどうかは、おそらく、会社の未来を大きく左右する「重要な切符」を手にするか、しないかに直結する。これは、社長にかかっている。

仮に「重要な切符」を手にしたとしても、
切符を使って冒険にでるか？
切符を使わないままでいるか？
という分かれ道もある。

ここで、わたしどもの意見をいおう。

中小企業の9割は、ある魔物が邪魔して、
未来につづく会社になるための切符を手にしようとしていない。
あるいは、切符を使おうとしない。

経営者は偏狭なままでいる。
言い換えると、
社会の変化と自社の現状を受け入れようとしていない。
ということだ。

「何を失礼な！　そんなことはない！
私は社会の変化も感じとっているし、
ニュースにも敏感にキャッチアップしている。
自社のこともよく熟知している！」

と気持ちを逆撫でさせてしまったら素直に謝るが、少し気を静めていただき、つづきをご覧いただきたい。この「社会変化を捉え、自社の現状を受け入れる」というテーマが、未来につづく会社になるための7つのレッスン1であるからだ。

「俺は健康だ！」という医者の不養生、灯台下暗し、といった諺《ことわざ》や、自分のことが一番よくわからない、という言葉もある。一流のプロアスリートも、研究と自身の体力維持には余念がないが、会社経営においても同様だ。自社を、客観的にみつめることができないがゆえに、激しく変わる時流の中で、自社が今どのような状態で、どの位置にいて、何が起きていて、どんな可能性を秘めているか……。そういった自分たちのことを客観的に自己評価することができていないことが、本当に多いのだ。

このように結論づけるまでに至った理由は、わたしどもがお会いする中小企業の大半がまさにそうだからだ。具体的には、あとからいくつか質問をするので、あなたも確認してほしいのだが、一方で、異彩を放つ経営者は存在する。その経営者たちは「経営危機に貶《おとし》める魔物の誘惑」を遮断してお越しになった経営者というわけだ。

「自分たちは、何か大切なことに、気づけていないような気がする」
「対処療法でなく、根本的な体質改善をしたい」

と言う。漠然ながらもうっすらした疑念を払拭し、はっきりと本質に向き合おうという意思がある。

この域に達するには、経営者ご自身が客観的に自社を見つめていて、いろいろなことにアンテナを張っておく必要がある。自社の現状に何かの違和感を覚え、外の何かをピン！と感じとったその時に、即断即決で、自らそれを確かめに動かれるのだ。

このような、直感力にすぐれた経営者、つまり「社会変化を捉え、自社の現状を受け入れる」経営者はよく観察をすると３つの素養があることが分かる。

それぞれについて、3つの変化の切り口から説明していこう。

「最新テクノロジー」を活用できているか?

「社会変化を捉え、自社の現状を受け入れる」経営者になるための3つの素養のうち、1つ目に触れていく。これについては、次の質問について、少し考えてみていただきたい。

1、あなたの市場にはどんなセグメント（区分）があるか?
2、あなたの商品は、どれくらいの市場規模か?あなたのニッチ商品の市場規模感は、どの程度か?
3、あなたの商品の市場成長度は、今どのような状況か?

この3つの質問は、重要な問いだ。

いわゆるポジショニング（お客様から見た時の自社の立ち位置）戦略において、基本的な問いであるからだ。未来につづく会社になるためには、市場を理解していなければならない。顧客が商品を選択する場合には、似たような商品を比較検討する。そのため、市場のどこに位置づければ、顧客に自社の価値を届けられるかを、明確に判断していく必要がある。適切にポジショニングすれば、ライバル会社と差別化され、価格競争に陥りづらくなるからだ。

今、あなたは、この問いに答えるために——もしかしたら、過去アナログで調査した時の膨大なデータを探そうとしているかもしれない。

が、ちょっと、お待ちいただきたい。

それは一切不要である。あなたの大切な時間を「ものを探す」ということに割いてはならない。それに、この3つの質問は**「ある無料で使えるデジタルツール」を使って「簡単なボタン操作をしていくだけ」**ですべて回答できてしまうからだ。しかも、ものの数分で。

言い換えると、速攻で市場調査が可能になってしまったのだ。

オートコンプリート機能、Ｕｂｅｒ Ｓｕｇｇｅｓｔ、検索コマンド（Ａｌｌｉｎｔｉｔｌｅ）、Ｇｏｏｇｌｅトレンドといった無料デジタルツールである。これらを使えば、無料である程度までは、簡単に調査できてしまうのだ。

同じく次の質問。これは**【顧客】**についての初歩的な質問になるが、ぜひ、あなたの会社のマーケティングに関わる社員にも聞いてみてほしい。
あなたのＷＥＢサイトに訪れる人たちの、

・性別・年齢は？
・言語・国・都道府県は？
・新規やリピーターの人数・割合は？
・訪問ユーザーが使うスマートフォン機種は？
・どのチャンネルから見にきているか？
・どのキーワードから見にきているか？
・どのページが一番見られているか？
・どのぐらい滞在したか？
・どのページから見て、次にどのページを見るか？
・コンバージョン（成約数）は？

これらはご存じの方も多いが、Ｇｏｏｇｌｅアナリティクス、サーチコンソールで、ほぼ無料で全部分かる。

「はいはい、分かりましたよ。結局は、デジタルマーケティングのツールが使えているか、使えていないかの話でしょ。うちは、できていません。
でも、商売は成り立っているから、別にいいでしょ」

と言われるかもしれない。しかし、これらの質問は、あなたにとって、とても重要なことなので、もう1つだけ質問させていただいてから判断してほしい。

【競合】についての質問

1、競合がどんなネット広告を出しているか?
2、競合がどんなデジタル・マーケティング施策に力を入れているのか?
3、競合にはどのレベルのデジタル・マーケティング担当者がいるのか?
4、競合の集客元、流入元（トラフィック）は何か?

実は、このような競合他社の状況も、SimilarWeb、Ghosteryといったツールで分かってしまう（有料にすると、さらに詳しい調査が可能）。
そのため、あなたの競合は、今この瞬間にも、こういった無料デジタルツールを活用し、**あなたが知らないところで、会社の業績にも少なからず影響を与えている可能性があるの**

だ。
もし、競合がこれらのデジタルツールを、しれっと使用していたとしたら……
・あなたの会社が手薄なのはどの部分か？
・あなたの会社がやっていて自社がやっていない広告は？
・自社が広告を出すことで有利に展開できるか？
こういったことを考えながら、手を打っているだろう。

念のため、補足しておくが、**これらはＩＴ系の専門企業でないと使えないというツールではない**。実際、私どものお客様で田舎のペンション、地方の和菓子屋さんなど数人で経営している50代経営者の方も、これらを活用しただけで、予約・申し込みを３００％伸ばしたという方もいる。誰でも使えるツールなのだ。
これはあくまで、デジタルツールという観点でいうところの氷山の一角の話。ＩＴツールは、日進月歩の世界なので、これでなければならないという話ではない。例えば、Ａｍａｚｏｎで自社商品を販売するとしてもｍｅｒｃｈａｎｔｗｏｒｄｓという同じようなツールがある。Ｆｉｖｅｒｒというサイトでは、たった数十ドルで、ネーミングとかブランディング、ロゴを考えて作ってくれる。ｅｎｖａｔｏというサイトでは、たった数千円で、クオリティの高い動画も型として購入できる。

はっきり言えることは、中小企業のほとんどは、このスピード、テクノロジーの変化を捉えきれていない。そして、まあ、目を覆いたくなるほどの速さ。だから、知ろうとするか・使おうとするかという「謙虚さ」の話なのだ。

知らない・知ろうとしない、使えていない・使おうとしないという「自社の現状を謙虚に受けとめる」という意味で、質問をさせていただいた。

＊デジタルマーケティングツール活用については、7章で触れていく。

「お客様の変化」を摑めているか？

「社会変化を捉え、自社の現状を受け入れる」経営者になるための3つの素養、2点目に移る。また、別の質問をしてみよう。

「あなたは、あなたの顧客を理解できていますか？」

「？・？・？　うちは、お客様のことを大切にしているし、会話もしているから、ちゃんと、理解していますよ。」

と言われるかもしれない。しかし、それは、本当だろうか？

【お客様】についての質問

以下の質問に、お答えください。

1、この1年、あなたの商品を購入したベスト10のお客様名をお答えください。
2、この1年、お客様ベスト3の購入金額をお答えください。
3、あなたのお客様はあなたの商品を購入するまでにどのような努力をしていますか？
4、この1年、お客様を紹介してくれた方のベスト3は？
5、あなたのお客様は、何がきっかけであなたの商品を知りましたか？
6、あなたのお客様は、なんという言葉であなたの商品を検索していますか？
7、あなたのお客様は、どんな場面で怒鳴りたくなるほど怒りを感じていますか？　もしくは、どんなことに、夜も眠れないほどの悩み・不安を感じていますか？

8、あなたのお客様は、どんなことに、自分を抑えきれないほど欲求を持っていますか？

理解をしているということであれば、上記の「8つのうち6つ」は、経営者であってもしっかりと回答できるだろう。自社の顧客を理解していなければ、適切な経営判断はできない。

ベスト3の顧客の名前、購入金額、購入プロセス、媒体、ニーズ・ウォンツは知っておく必要がある。この質問を幹部や社員にも聞いてみてもらいたい。社員は、どれだけお客様のことを理解できているか？　という自社の現状を、会議の場で尋ねてみるといいだろう。

意外かもしれないが、自社の担当社員が「自分たちのお客様がどういう人か？」を、深く理解できていない会社が多い。これは、本当に気をつけなければならない。なぜなら、自分たちはお客様を理解しているつもりでも、お客様は日々あらゆる環境にさらされている。変化しているのだ。そのことを見過ごしていないかを、一歩立ち止まって見つめ直してほしいのだ。

この件に関連した驚くべき真実がデータ上で判明された。『The Effortless Experience』翻訳書『おもてなし幻想：デジタル時代の顧客満足と収益の関係』（実業之日本社）。CEBという会員制の大手顧問企業に所属するマシュー・ディクソン、ニック・トーマン、リック・デリシ氏の共著の書籍だ。

それによると、お客様と長期的にいい関係を築くカスタマーロイヤルティを高めるには、一般的には、感動的なホスピタリティだと思われてきた。しかし、実際は、異なっていたのだ。9万7176人の調査を行ったところ、実は、そこそこのサービスを提供したら、そこから先は、ロイヤルティは変動しないという事実だったのだ。しかも、お客様の声を聞いてお客様サービスの対応をすればするほど、満足度は下がりやすくなる可能性が高いということも分かったというのだ。

ようは、ホスピタリティの戦略は割に合わないということだ。

それよりも大切なことは、
「WEBサイトにおいて必要な情報が探し出せない」
「コールセンターになかなか電話がつながらない」

といった、顧客側に、多大の手間や努力をさせないことだという。

「多大な手間・努力を要した人」対「努力を要さず滑らかにサービスを受けた人」で顧客のロイヤルティをアンケート比較した。結果は、なんと、実に、企業へのロイヤルティが低い&ないと答えた人の割合は、96：9の割合で「多大な手間・努力を要した人」の方が、ロイヤルティが低くなるということが判明したのだ。つまり、お客様の努力を減らすことで、ロイヤルティ低下を緩和することの方が重要になったというのだ。

一体、顧客に、何が起きているのか？

これは、カスタマーサービスの世界が、GAFA（Google、Amazon、Facebook、Apple）の台頭・テクノロジーの普及によって、今までのサービスやホスピタリティ概念から、すでに変わりつつあるということを意味している。

なかでも最も注目すべきは、「セルフサービス」の概念だ。企業との接し方が変化し、今ではもう、顧客は簡単な問題について電話で問い合わせたりしない。現実問題として、顧客は、同業他社はもちろん、あらゆる業種の企業と比較されている。つまり、あなたが提供している顧客体験も、AmazonやGoogleのように、なめらかに購入できてしまうサービスと比べられているのだ。

よく考えてみれば、それもそうだろう。今の時代、Ａｍａｚｏｎで注文に慣れた人が、他のものを注文するにも、無意識下でＡｍａｚｏｎと比較する。すると、当然、電話やＦＡＸで注文するということはなくなっていく。ボタン1回、少なくとも2回押すだけで商品が届いて当たり前、という認識に変わってしまっているのだ。

ところが、あなたのサービスはどうか？

仮に、何回も何回もボタンを押して、ページ遷移《せんい》されたあげく、商品がよく分からない、申し込みできているのかどうか、何となく不安、直接電話して聞いてみないと確認できない、というような努力をかけさせているようであれば、それは、もはやロイヤルティを下げさせる要因以外のなにものでもない。

あなたの会社で、実際に思い当たる節はないだろうか？

具体的には、「サイトを見ても、目星の商品が見つからない」「商品の説明内容が分からない」「疑問が残る」「どこに問い合わせてよいのかが分からない」「電話をしてみたらつながらない」「やっとつながったら、たらい回しにされた」「ようやく理解できたと思ったら、また疑問点が出てきた……」など。

一体、お客様にどれだけの努力をさせてしまっているか？　どれくらいの努力をお客様側に要しているだろうか？　少し想像をしただけでも、目を覆いたくなる、恥ずかしくて体中が真っ赤になる思いの社長もいるのではないだろうか。これが、「顧客サービスはそこそこにした方が、顧客努力を要される時よりも、4倍も離脱率が低い」というデータ上の真実である。

さらに、商品が悪いという経験をした人は、32％程度しか周りに悪評を広めないにもかかわらず、顧客対応が悪いという経験をした人の65％が、周りに悪い口コミを広めるという。つまり、人的サービスを加えてしまうと、ネガティブの口コミが倍々になっていくということだ。なんと、恐ろしい事実だろうか。

さらに、である。51歳から上の年齢層は電話での対応がいいという評価だが、50歳以下は電話したくないという結果もすでに出ている。たいていの顧客はセルフサービスで解決できれば、何の不満もない。これは、B2B、B2C、業界に関係なく、問題のタイプや、顧客層を超えて、当てはまる事実である。

実際には、こんな話がある。わたしどものお客様で、一部上場の通販会社の相談に応じた時のことだ。主力商品の販売数がピーク時の7割に落ちてきているという。

早速、わたしどもは、その商品を試しに購入してみた。すると、購入完了するまでに15分以上かかった。手間はかかるし、購入するのに疑問点も多数。なんとも多くの努力を要したのだ。その点を指摘したところ、後々、このような報告をくださった。

「あの後、すぐに見直しました。何箇所も改善箇所が見つかって……。もう何年も前に仕様を作ってから、何も手を入れていなかったのが要因です。本当に、恥ずかしい思いでした」

冒頭に投げかけた疑問。「お客様のことをよく分かっているというのは本当でしょうか?」と聞いた真意はこのことである。「社会変化を捉え、自社の現状を受け入れる」経営者になるための3つの素養、2つ目はこういった事実を受け入れる「素直さ」だ。これがあれば、当たり前にできていると思っていたことについても、変化を見逃すことなく対応することができる。

*努力を要しないサポートのつくり方については、7章で触れる。

自社の性格を認識しているか？

では、「社会変化を捉え、自社の現状を受け入れる」経営者になるための3つの素養、3つ目は何だろうか？

「**あなたは、論語人？　算盤人？**」

この冒頭の質問だが、**人にも会社にも、性格のようなもの**（メンタルモデルという）**が**ある。メンタルモデルとは、「あなたがすでに抱いている固定概念」と考えていただけると分かりやすいだろう。これが、良い方にも悪い方にも影響する。そのため、自分のメンタルモデルは、どのような傾向があるのかを、正しく認識しておく必要がある。いわゆる思考の癖だ。

論語、算盤、どちらに偏り過ぎてもならない。しかし、どちらが不足していても、会社は未来につづかない。経営者は難しい判断を日常的に行っている。あなたもそれがゆえに社員から反感を買ったこともあるかもしれない。朝令暮改だといわれ、なかなか決断できずに葛藤する夜を過ごす時もあるだろう。あなたの優しさを理解できずに去っていった人たちもいたかもしれない。自分の判断が正しかったのだろうか？　と今でも後悔していることもあるだろう。

それでも、経営者は決断しなければならない。自らの判断で舵を切らなければならないのだ。

いっそのこと、ＡＩに判断してもらったらどうか？　と思うこともあるかもしれない。経営者が算盤だけで経営判断するということであれば、過去のデータや統計で判断し、人間が社長をするよりも正しい経営判断をするのではないか。

少し話が逸れるが、わたしどもが主催した講義で、ＡＩを哲学の観点から捉える黒崎政

＊合計10点満点で比較、どちらかに寄りすぎていないかをチェック

NO	点数	論語人の特徴	算盤人の特徴	点数
1		道徳	効率	
2		人生視点	結果視点	
3		継続	試行	
4		鍛錬	挑戦	
5		忍耐	適応	
6		不易	流行	
7		哲学	技術革新	
8		定着	先見	
9		自己探求	顧客視点	
10		普遍	特殊	
11		長期視点	費用対効果	
12		人間的	計算的	

（＊3　論語人・算盤人のバランスチェック表。これだけ真逆な論語と算盤の特性）

男・東京女子大学教授は、ユニークな例を交えて次のような見解を示された。

「ＡＩは意味を理解して行動することはできない。コンピューターに生きるモチベーションがあるわけではない。ただのツールと捉えられていいと思う。結局は人間の知性が世界をつくる。

例えば、〝人は生まれながらに自由、平等である〟という思想は、今では当たり前のように考えられている。けれども、フランス革命の西暦１７００年ぐらいから生まれたテンポラル（一時的）な思想。ともすると、人間中心の世界のままであれば自由や平等に対しての考え方は、今後も変わらないかもしれないけれど、ＡＩやアンドロイドが普通に人間と一緒に

暮らす未来になったら……人間の知性が、どのような思想になるか次第ですね」

なんとも深い問答であるが、そう単純には、ＡＩ社長に経営判断を委ねるというわけにもいかなさそうだ。このような観点からも論語の重要性が一段と増すのは明白だ。

話を元に戻そう。

自身のメンタルモデルをチェックするために、論語人と算盤人のそれぞれの特徴を対比表（＊3）にした。どちらも大事とはいえ、あまりにも真逆な特徴がゆえ「言うは易し、行うは難し」ということがよく分かる。双方ともを高いレベルで同居させることがいかに難しいことか。一つひとつの概念は大切だと分かってはいても、時と場合によって判断が難しい。しかし、判断を誤ると大きな打撃に見舞われるのが経営というものである。

あなたは、論語・算盤を併せ持っているだろうか？　数値化してみて、今一度、自己査定してみてほしい。

自分は、論語・算盤どちらかに寄りすぎていないか

論語人と算盤人　12のチェック表

1、道徳を突き詰めようとすると、効率とぶつかる（原価率など）
2、人生視点でみると、結果視点とぶつかる（社員の育成など）
3、継続しようとすると、試行とぶつかる（ITツール使用・導入など）
4、鍛錬しようとすると、挑戦とぶつかる（新旧スキル習得時など）
5、忍耐しようとすると、適応とぶつかる（人の配置など）
6、不易と流行でぶつかる（創業者との考え方の違いなど）
7、哲学と技術革新でぶつかる（ロボット・AI導入の是非など）
8、定着させようとすると、先見とぶつかる（社員の業務など）
9、自己探求すると、顧客視点とぶつかる（ターゲット変更時など）
10、普遍的と、特殊性でぶつかる（パーソナライズ化など）
11、長期視点と費用対効果でぶつかる（ブランディング観点など）
12、人間的であることと、計算的でぶつかる（リストラ・契約など）

「あなたの会社は、論語会社か？　算盤会社か？」

＊合計10点満点で比較、どちらかに寄りすぎていないかをチェック

NO	点数	論語会社の傾向	算盤会社の傾向	点数
1		口コミで顧客が自然増	マーケティングで顧客獲得	
2		関係性ファースト	結果ファースト	
3		協調性、調和、倫理	競争、効率、管理	
4		他社・他人との調和を図る	シェアを取る	
5		チームワーク重視	個の生産性重視・数値計測	
6		地方に目を向ける	首都圏重点	
7		他人からのサポート	自分の責任数字を果たす	
8		低い離職率	退職者は一定数出続ける	
9		低収益のまま運営	高収益性に拘る	
10		伝統を守る	最新テクノロジーを即導入	
11		倫理・道徳を重んじる	資本経済・合理的	
12		決断や行動スピードが遅い	決断や行動スピードは速い	
13		採用はチーム内外から補う	採用は報酬に力点	
14		不足分は自社で学ぶ	不足分はお金で時間を買う	
15		若手から採用応募が来ない	若手の早期退職率が高い	
16		顧客高齢化・若年層支持が弱い	競合・代替品ばかりマーク	
17		人の経験・知識・技術	IT技術で仕組み化	
18		社員同士の会話は多い	ネットコミュニケーションが主	
19		売上を緩やかに下げる	売上増を一気に上げる	

（＊4 論語会社・算盤会社のバランスチェック表）

こちらのもう1つの質問。こちらも比較表（＊4）にしたので、自己評価をして自社を見つめてみてほしい。ハッキリ言えることは、論語・算盤どちらの会社であっても、わたしどものクライアントからの相談は「売上の低下」が主であるが、売上の相談に乗っていても、必ず人の悩みに辿り着く。結局は、事業（算盤）の課題は、人（論語）と連結しているのだ。つまり、論語会社であろうが、算盤会社であろうが「片方だけじゃダメよ。論語と算盤、どちらか片方に寄っていては、結局、未来に繁栄することも、生き残ることもできないよ」と未来から警告されて

いるのである。これは、個人で事業する会社においても同じだ。

論語会社に見られる傾向は、崇高なビジョン、公明正大で大義名分を持ち合わせ、徳を持たれた経営者の存在である。創業から長い年月を経て、急な売上増になるということはないが、鈍化ないしは緩やかに微減しきている時に相談に来られる特徴がある。

一方、算盤会社の方はどうか？　数字を明確に分析し、数字でものごとを語り、客観的に評価する。企業価値、ＮＰＶ[4]、ＲＯＩ[5]、ＬＴＶ[6]、ＣＰＡ[7]、流出率、ＮＰＳ[8]、ＣＥＳ[9]、成約率、タイムマネジメント、紹介成約率。このような数字で経営管理することが習慣化されているのが特徴である。急成長してきたが、突然の急降下をし始めた時に相談に来る傾向がある。

それぞれ長短を持ち合わせるが、その悪化理由が、比較表（＊４）にするとよく分かる。あなたの会社は、論語、算盤バランスよく、双方ともを高いレベルで併せ持ったメンタルモデルの会社だろうか？

自社は、論語・算盤どちらかに寄りすぎていないか

論語会社と算盤会社　19のチェック表

1、新規客を口コミに頼るか、マーケティングを駆使して集めるか
2、メンバーに対して関係性を優先するか、結果を優先するか
3、組織で大切にするのは協調性・調和・倫理か競争・効率・管理か
4、市場に対して他者との調和を図るか、シェアを取るか
5、チームワークを重視するか、個の生産性と数字を評価とするか
6、地方にも力を置くか、首都圏に重点を置くか
7、成果を他人の支援を得てあげるか、自分の責任数字を果たすか
8、離職率は低いか、一定数の退職者は出続けているか
9、収益率は低いままか、高ければ高い方が良しとするか
10、伝統を守ろうとするか、最新テクノロジーを重視するか
11、倫理・道徳に重きを置くか、資本経済・合理性に重きを置くか
12、じっくり考えてから決断し動くか、即断即決・即行動か
13、身近な人材を活用するか、報酬に力を置いて外から採用するか

14、不足するものは自社で学習させるか、お金で時間を買うか
15、若手が入社したいと思えるか、入社してすぐに辞めていないか
16、若い客の獲得に苦戦していないか、競合に注視ばかりしてないか
17、人の経験・知識・技術に頼るか、ＩＴ技術で仕組み化するか
18、社員は会話をしているか、ネットだけになっていないか
19、売上を意識しているか、目先の売上ばかり意識していないか

つまるところ、「社会変化を捉え、自社の現状を受け入れる」経営者になるための３つの素養、３つ目は、中庸《ちゅうよう》である。

中庸とは、考え方・行動などが１つの立場に偏らず中正であることをいう。中庸という言葉は『論語』の中で、「中庸の徳たるや、それ至れるかな」と孔子に賛嘆されたのが文献初出といわれている。それから儒学の伝統的な中心概念として尊重されてきた。過不足なく、極端に走らないこと、そのさまであり、古来、洋の東西を問わず、重要な人間の徳目の一とされている。

論語と算盤、どちらか片方だけを深く学び尽くし、血肉にしようとするだけでも難渋は耐え得ぬのに、両方を持ち合わせようとするのは、なかなか尋常ではない。1人の人間を切り裂いて、2人に役割と性格を分けた二重人格者のようなもの。自分だけでも相当なのに、ましてやそれを会社組織全体に落とし込もうなど、涙に血がまじりそうな話である。しかし、事実として、これを経営者、会社ともに備えなければ、壁にぶつかるというのが現実だ。

以上のように、「社会変化を捉え、自社の現状を受け入れる」経営者になるための3つの素養の観点から取り上げた。本章のタイトルにある「あなたの会社を経営危機へゆっくりと進行させる魔物の正体」とは、AI、ロボットなどのテクノロジーでもなければ、国内人口が減ることでもない。

あなた自身にある
「変化を感じとり」「変化に対応し」「変化を活用しようとする」
ことを妨げる防御システム（メンタルモデル）のことだ。

この存在に、まずは気づくことが、未来につづく会社になるためのレッスン1だ。

時代の潮流、何が起きているかをお伝えするのは、マーケッターの責務であるが、わたしたちが真に望むのは、中小企業が未来につづくことである。一筋縄ではいかないこのメンタルモデルをいかに適切なものに育み、導けるかが、本来、わたしどものような会社に与えられた使命であると思う。

次章では、そのメンタルモデルを昇華させ、会社が未来につづくようにするための「今すぐにでも使えるノウハウ」、誰しもが使える創造的問題解決の方法について触れていく。

第2章

会社の深層課題と価値を言語化せよ

社長も気づいていない真実を浮かび上がらせる方法

本章では、P50図の「未来につづく会社になるための7つのレッスン」のうち、レッスン2について触れる。前章で述べた「社会変化を捉え、自社の現状を受け入れる」ことができたら、次は、社長自身を掘り下げていく。テーマは社長が気づけていない「深層課題」である。

ここからは、実際に、わたしどもに問い合わせてきた企業の実話だ。リアリティに溢れた内容なので、自社に置き換えながらお読みいただきたい。

【論語会社A社の場合】

人格形成、企業文化、社員育成、社是《しゃぜ》……すべてにおいて素晴らしい論語会社が、それでも抱える経営上の悩みとは、一体、何なのだろうか？　本項では、その論語会社の真相に迫っていく。

社長は人格者。社員教育も熱心。クレドや企業文化もしっかり形成、愛社精神が強く、新規客の引き合いも年々増加。地方に本社を置く創業38年、関東全域を含め、約150カ店の飲食業を営むA社は、まさに、人を大切にする会社として、お手本となるような会社だ。

しかし、そのような誰しもが評価する会社でも、A社の社長は悩んでいた。ここ数年で、さらに引き合いは増えて店舗を増設。従業員は600名近くまで増やしたが、管理コストがとんでもなく増えたのだ。経営者仲間からは「あんたのところは、こんなに店ばっかり増やして、厳しくなった途端に潰れるぞ。」と半分冗談で脅されてきた。

確かに、人も増え、売上もあがってはいるが、いっこうに利益が増えない。管理費は莫大に増え、社員を幸せにする一心で成長させてきたつもりが、社員に負担をかけさせることが多くなり、A社の社長は心を痛めていた。それでも、店舗を増やすという「面展開」に頼らざるをえない理由があった。成長させるビジネスモデルが面展開でしか見出せていなかったからだ。

事実、ここ最近では、新規で30カ所の店舗を新設。既存社員が総出で30もの新設店舗の立ち上げをサポートして、なんとか、オープンに間に合わせた。

しかし、既存社員からすると、目の前に、大切な既存のお客様がいる中での新規オープン。「本来、もっと大切にしなければならない既存客へのホスピタリティが行き届かない」という不満が募り始めてきたというのだ。A社の社長の耳にも、会社の急成長に対して、やっかみ・妬み、インターネット上では、残業の不満の書き込みが目についたという。

A社の社長は言う。

「うちはね、本当に、お客さんのために、お客さんが望むことに一生懸命に応えてきたんです。そこに、儲けの気持ちとか売上計画とかも一切持たずにね。社員も、すごくいいことをやってきているけれど、全くその良さを自分たちで分かっていないし、気づいてもいない。だから、アピールしようともしない。お客さんは喜んでくれていても、それが全く世間に広がっていかないんですよ。儲けるのが下手でね。営業利益は、出ても2％とか3％とか」

さらに、社長の悩みは続く。

「将来的に、上場をしたいと思っているが、潤沢な資金がなく、未来に投資するお金も増えてこない。さらにギリギリの人数で運営しているので、新規事業に着手する人の余裕がない……」

それでも、社長の持ち前のチャレンジ精神でさまざまな取り組みに着手してきた。自社の良さを伝える教育事業、教育を啓蒙するための勉強会、超大型店舗やネット物販開発などだ。しかし、「どれも結果は、今ひとつ」という。

社長を側で支える秘書はとても明るい性格だが、「新規事業も何とかこれ以上赤字を増やさないように効率化してきましたけれど、大変です（苦笑）……」とこぼす。

ハンドルの遊びが全くない経営状態だが、一方で、理念はしっかり浸透し、朝礼や社是の唱和、全員一枚岩の家族経営。それでも、時代の変化に対応すべく、A社の社長は色々なことに挑戦するものだから、社員は「またか」という気持ちになることもあるという。

主力事業は忙しいのに、会社としてのキャッシュは一向に増えてこない。愛社精神の強い社員は精一杯応えようとするが、そうではない中途社員は退職していく。

さらに、時代は追い打ちをかけるように、「働き方改革」「コンプライアンス」や「ガバナンス統制」「副業解禁」「ワークライフバランス」などにも対応しなければならない。A

社の社長に限らず、中小企業の経営者からしたら、「もういい加減、勘弁してくれ！」と叫びたくなるのが本音だろう。論語で統制された会社の実態は、このような痛みを抱えていた。

【算盤会社B社の場合】

一方で、真逆の算盤会社が存在する。独自のビジネスモデル、高い収益率、莫大なキャッシュと利益……それでも社長を悩ます現実とは、何だろうか？　算盤会社の真相に迫っていく。

システム会社である「B株式会社」。創業10年たらずで、直近の実績は、売上200億円超。利益は32億円超。社長のトップセールスと特徴ある商材を武器に、ここ数年で一気に売上を伸ばしてきた。しかし、代表取締役であるB社の社長は、潤沢《じゅんたく》な利益を生みだしながらも悩みを抱えていた。

Ｂ社の社長の話はこうだ。

「当社は順調に業績を伸ばしてきたが、やってきたことが常に場当たり的であった。会社としてきちんとした落とし込みができていなかったので、数年前から、研修会社やコンサルティング会社を３社導入しました。

目的は３点です。まずは、幹部に高い目標設定を掲げさせてコミットさせる。これで妥協なく売上アップを目指す。次に、会社全体のＢ２Ｂ営業力をあげる。経営者を相手に営業しますので、一般社員レベルにも、営業力をつけさせる必要がありました。最後は、ビジョン・ミッションの浸透と人事制度の見直しです。今までは、ここに着手してこなかったのですが、長いスパンで考えると、今ここを見直しておきたいと思ったのです」

いずれも、よく聞くコンサルティング会社。レベルも高い会社だ。これだけ導入すれば、会社はますます発展するに違いないと思いきや、「その結果は？」と聞くと、

「完全に失敗です。会社としては、目一杯努力はしたけれども、結果は極めて悪かった。裏目に出ています」

というのだ。

「研修会社やコンサルティング会社の言うことは、確かに目から鱗のこともあったが、やりすぎたともいえました。たとえば、1つ挙げると、インセンティブを全廃して、固定給に振り切った。これも次の成長にシフトするためと思ったからです。この決断をし、舵を切ったのだが、結果、トップセールス社員のモチベーションが下がり、売上は急低下、社内の雰囲気も悪くなり退職者も多数出た。

そのため、会社全体が、外からの研修会社、コンサルティング会社に対して、アレルギーを持ち始めている。〝外部から〟と聞くと、幹部たちは『またか』という気持ちになっているのが正直なところ。私が思うに、結果が出ないで退職者が出ている理由は、多分本気になっていないからだと思うのだが……。幹部も本気度が弱いと思う。なので、下もついてこない」

まだまだ、B社の社長の話は続く。

「わたし自らが会社のビジョンを語り、それを明文化した。その上で『君は、どうなりたい?』と社員に聞いても、ほとんどの社員は、それがピンときていない。目先の業務に追われ、何をやっていいか分からない。なんとかこなす、こなすふりになっているという状態。成長を目指す！　と言っても、『成長って何？』というリアクションで、成長を目指そうという人自体がいない。トップである私が『プロになれ！　プロの人間ばかりのチームにしよう！』と言っても、私の言うことと幹部の言うことにズレが生じているように感じる」と言うのだ。

……これは、とても根が深い課題である。

「こんなことなら、高いコンサルフィを支払ってまで、3社にも頼まなければよかったのか……」となるのは当然だ。

ここで、これをお読みのあなたも、

この2社の経営者になったつもりで、一緒に考えてほしい。

「この全く相反する論語会社、算盤会社2社を、

あなたが経営トップなら、どのように立て直しますか？」

社長も気づいていない真実

弊社に相談にくる社長の悩みの大半は「売上の伸び悩み」だ。えてして「すぐに売上があがる手法」を期待される。もちろん、わたしどもは、『禁断のコピーライティング』（フォレスト出版）をはじめ、『ザ・コピーライティング』『伝説のコピーライティング・実践バイブル』『最強のコピーライティングバイブル』（いずれもダイヤモンド社）といった書の監訳・監修を手掛けてきた。そのため、キャッチフレーズを変える、オファーをいじるなどで一次的に売上をあげることは可能だ。

しかし、「すぐに売上があがる手法」を期待するのはあまりにも短絡的だ。本質的な課題を押えた上でのキャッチフレーズの変更でないと、それは疲労感を忘れさせる栄養ドリンクと一緒で、効き目が切れた後に、大きな副作用を伴う。副作用とは会社の信用を落とすという最悪の症状である。

それよりも大事なことは、いかに会社全体をよくしていくかである。そこを怠ったまま売上だけを伸ばしても、たちまち、「うちの会社はブラックだ」といった不満が噴出するばかりである。

そもそも、解決策が分かっているような課題であれば、社長も頭を悩ませ、相談にくることはない。問題が複雑に重層的に絡み合い、紐解けないからこそ相談にくるのである。社長が気づけていない「深層課題」があるのだ。

わたしどもの意見を述べよう。私どもの意見では、ズバリ、

〝社長の「深層にある想い」を明らかにし、それも包含した解決の道を辿らなければ、どんなに理にかなった施策を講じても、売上の問題は、根本的には改善しない〟

というものである。

このネット社会においては、トップである社長個人の内面と思考、つまり深層思考が大きく反映し、今まで以上に周囲から透けて見られている。それが、会社の未来に大きく影

響する。幹部への発言、社内メール、言動、会議での発言、お酒の席での会話、顧客や外に向けた言動と社内での言動のギャップなどがそれだ。

社長も1人の人間だ。さまざまな想いが複雑に絡み合い、心底思っていることと、建前では異なる言動をすることもあるだろう。今までは、それでもよかった。

しかし、今の時代は、いい意味でも悪い意味でも、一貫性を伴っているか否かは誰しもに伝わる。どんなに取り繕っても社長の言動が鏡となり、幹部・社員へ、そしてお客様へと伝わっていくのだ。特に、中小企業では、社長からお客様までのキョリは、大企業のそれよりもはるかに短い。それゆえ、社長の深層にある想いを包含した解決の道をたどる必要があるのだ。

実は、この結論にわたしどもが至った理由は、わたしどもが10年近く「ある独自の手法」を活用し、もう既に、数百もの会社の問題を創造的に解決してきたからである。この「独自の手法」とは、社長の深層に潜む社長自身でさえも気づけていなかった真実を浮かび上がらせるツールである。

それを使うと、社長たちの口からは、

「そうなんだよ、私は、それをやりたかったんだよ!」

という言葉が飛び出し、顔を輝かせ始めるのだ。


それは、単なるヒアリングではない。項目に沿ったヒアリングを順番どおりに聞いていては、随所・随所の課題点を抽出することはできても、「文脈」がつかめない。文脈とは、その社長のルーツ・背景であり、世界観であり、痛みであり、未来に向けた願いでもある。社長の身になって考えてみたら分かるが、このような文脈は、初対面のコンサルタントを前にして、お決まりのヒアリングをされても、すべてを洗いざらい話しきれるものでもない。


一体どのようなツールなのか?

社長の深層に潜む、社長自身でさえも気づけていなかった真実を浮かび上がらせる「独自の手法」。それが、わたしどもが開発し、活用している創造的問題解決ツール「フューチャーマッピング」である。

論より証拠。冒頭2社の結果を見てみよう。そのあとに、フューチャーマッピングのメカニズムを解説していく。

＊フューチャーマッピングのセッションを終えると、すっきりされた表情になられる社長は多い。

なお、フューチャーマッピングについては、「FUTURE MAPPING」で検索をしていただくと、クイックスタート映像で解説動画があるので、そちらをご参考いただけると基本的な使い方が分かる。

https://future-mapping.com/movie/

まずは問い合わせをいただいた際に、著者が直接、社長からヒアリングした相談内容は、こちらの表のとおりであった。

一般的なアプローチでは、項目ごとに傾聴・ヒアリングし、論理的な解決策を提示するが、フューチャーマッピングで得られた結果は、はたして、どのようなものだったのだろうか?

(A社の社長・フューチャーマッピングのセッション結果)

まず、A社の社長に、空想上の物語を作成していただく。

A社の社長が描かれた物語は、会社員の夫と子を持つ女性が主人公の物語だ。その女性が離婚を機に、自分の生きがい・やりがいを見出し、資格を取得。働き始めたことで、

A社 論語会社	
手法	傾聴・ヒアリング
当初 社長談	人間教育を軸にした経営で、新規の出店引き合いが増加するも…… ・店舗と社員は増えるも、収益率がとにかく低い ・家族経営をしてきたが中途社員との確執が起き始めている ・上場したいが、社内体制が固まっていかない

B社 算盤会社	
手法	傾聴・ヒアリング
当初 社長談	１０数年の間で営業を中心に２００億超の売上へ成長するも…… ・場当たり的な対策・マーケティングで、知識が蓄積されない ・外部会社３社導入した結果、退職者続出、業績も急悪化 ・幹部も社員も、本気で取り組めていない

元夫も仕事に向き合うようになり復縁。幸せな家庭へ歩みだすという【空想上の】物語であった。

わたしどもが物語を見る時には「結局何が、どうなったか？」という大きな流れをつかむのだが、次の3つがポイントとなる。①深層にある本質的な課題は何か？　②会社の真の強みは何か？　③課題に対しての突破口は何か？　という3点である。描かれた物語に対して、わたしどもと社長でブレインストーミングを行っていく。

ここでいう主人公の女性は、A社の女性従業員のことである。会社の本質的な課題は、女性社員の生活、働きがいや環境、キャリアの問題という言葉が社長の口から出た。飲食業であるA社は、パートを含む女性従業員がメインで8割を占めている。まさに、彼女たちが会社の強みなのだ。その女性従業員たちの働きがい、やりがい、さらには高度な技術を取得させる環境づくり。これが突破口となり、物語がポジティブな方向へと動きだしていくというストーリーであったのだ。実際に、社長から挙がった（物語を描く前の課題設定）と（物語を描いた後の深層テーマ）の変化は次のとおりだ。

（物語を描く前の課題設定）
「社員が自ら動いてくれて、1年間で収益（経常利益）を今の6～7倍にするには？」

（物語を描いて気づいた深層テーマ）
「女性従業員が会社から離れず自分らしく人生を生き、仕事をしていくための環境の在り方は？」

この深層テーマは何を意味しているかというと、女性従業員が会社に居続けて活躍すれば、目標を実現できるだけでなく、A社が持つさらなる可能性の扉を開いていけるだろうという確信である。一番の財産である人材、特に中心である女性従業員が離職することなく活躍をしていくための環境づくりと、そのための契約などを含めた条件の整備が、目標を達成するために必要な条件であるという「深層テーマ」が明らかになった。

当初、「収益率が低く、家族経営をしてきたが中途社員との確執が起き始めている。上場をしたいが、社内体制が固まらない」とこぼしていたA社社長。だが、物語を通じて深層を見つめると、本質的な課題は別にあり、解決の道のりに気づいたのだった。

ここから具体策を見出し、アクションプランをブレインストーミングしていくのだが、A社らしい文脈に合わせた課題解決シナリオが見えていった。

（B社の社長・フューチャーマッピングのセッション結果）

B社の社長にも、まず空想上の物語を作成していただいた。

Ｂ社の社長が描かれた物語は、主人公が保険会社勤務55歳の男性の物語だ。主人公とその同級生たちが、出向や病気などの人生の転機を迎えたが、昔、バスケットボール部で友達や恩師と夢中に過ごしていた日々を思い出し、その時のように行動することで、新しい人生が開き出したという【空想上の】物語であった。

この描かれた物語に対して、わたしどもと社長でブレインストーミングを行った。

ここでいう主人公は、社長自身そのものを投影している。会社の強みは、出向先で役員に抜擢されたという「社長の営業力」である。社長の営業力の源泉となったのが、バスケットボールというスポーツを学生時代に夢中でしていたことであった。そこで恩師によって培われた人格形成とチームワークに対する考え方がベースにある。会社の本質的な課題は、バスケットボールという夢中になれるゲーム環境そのものを提示できていなかったこと。また、そのゲームと真剣に向き合って、人格形成とチームワークを育むことを教える指導者が不在であるという点であった。それを現実のビジネスに置き換えて実行することが突破口となり、物語がポジティブな方向へと動きだしていく。

実際に、Ｂ社の社長から挙がった（物語を描く前の課題設定）と（物語を描いた後の深層テーマ）の変化が次のとおりだ。

（物語を描く前の課題設定）
「年商1000億円を達成。自分の独創性と視点を国中に広げ、優秀なチームを築き、日本で一番成長した会社にするためには？」

（物語を描いた後の深層テーマ）
「全社共通のゲームとルールを決め、社員が夢中になって自らを高めてゲームに取り組み、勝ち続けるチームにするためには？」

この深層テーマは何を意味しているのかというと、B社の社長は自身が好きなバスケットボールを例に「社員がゲームでプレイすることに夢中になる、プロ選手のようになってほしい。自分のポジションの役割を果たしながら、フェアプレイで清々しくゲームをして、試合が終わったら仲間同士で称え合う。プロバスケットボールチームで活躍する様に、世界で最高峰のパフォーマンスを発揮するチーム・組織でありたい」という想いを抱いていたのだ。

後に実態を目の当たりにすることになるのだが、B社は新卒の営業職を採用しているが、営業社員の9割は営業成績が残せていない。1年を通じて何十名もの社員が契約実績ゼロというような状態であったのだ。

つまり、システム業というB社の競技内容（事業内容）を理解させ、どのようなゲームであるか社員に教え、各ポジションと役割、どうすればゲームを有利に運べるように機能するか、これらを指示する監督の存在。これが、チームとして勝ち続け、目標を達成するために必要な条件であるという「深層テーマ」が明らかになった。

当初、「場当たり的な対策・マーケティングで、知識が蓄積されない。外部会社3社を導入した結果、退職者続出、業績も急悪化。幹部も社員も、本気で取り組めていない」と嘆いていた社長。だが、物語を通じて深層を見つめると、本質的な課題は別にあり、解決の道のりに気づいたのだった。ここから具体策を見出し、アクションプランをブレインストーミングしていくのだが、B社らしい文脈に合わせた課題解決シナリオが見えていった。

組織をあるべき姿にするには「パラダイムシフト」が必要

フューチャーマッピングとは、今や全世界155カ国に広がり始めた創造的問題解決法で、NTTグループ会社、ソニー、TOYOTA系グループ会社、クレディセゾン、辻本郷税理士法人などの社員、幹部、リーダーたちも活用している。書籍『ストーリー思考』（ダイヤモンド社）で、そのツールの使用手順について述べられているが、ここではメカニズムについて説明する。

フューチャーマッピングは、参加者とともに1つの物語を描く。その物語の力を活用して、その人の無意識下にある、幼少期から現在までに培われた「利他の精神」と「描きたい未来・世界観」を呼び起こす。利他の精神を持ち合わせた上で、大きな成果を得るためには、向き合わなければならない本質的な課題が浮かび上がる。物語上では、登場人物による何かしらの行動で話が展開されるわけだが、それが、目下、自身の本質的課題を乗り越えるために取るべき具体的なアクションの隠喩となって現れるのだ。

物語は、時間軸の中で話が展開され、主人公の感情の変化、具体的行動と事象、結果の因果関係、キーとなる登場人物との関係性、プロセス上に起こるハプニング、などといった未来から現在に至るまでバックキャスティングでシナリオを作成する。そうすることで、主人公がなぜ、そういう行動を取るに至ったかの文脈・コンテキスト（事情や背景）まで作り込まれる。これらすべてのイメージが可視化されて、言葉にならない心理背景までもが現れてくるのだ。

一般的に、マーケティング分析には、PEST[10]、5F[11]、バリューチェーン、3C[12]、SWOT[13]、STP[14]、4P[15]、VRIO[16]などといった代表的手法がある。これらは事実を調査・分析し、自社のポジションを客観的に把握することにより、解決策を見出す手法だ。足りないものを明確にし、外から補うことで一時的に症状は収まる。

もちろん、これらのマーケティング分析手法はわたしどもも使用はするが、これだけでは捉えきれない決定的な欠点がある。それは、人の「感情」「生き方」や「思考の癖」「哲学」「背景」といった〝人間的な文脈を捉えきれていない〟という欠点だ。

いくら、コンサルタントにロジカルな分析をしてもらったところで、所属する社員が「なんか、気持ちが乗らないんだよなぁ」と思ったら、それは実行すらなされない。言うことは正しいのだろうけど、結果がでないコンサルティングによくありがちな理由がこれだ。とはいえ、人に合わせて忖度《そんたく》すればよいかというと、それでは、結果は変わらない。

ロジカルな分析の前に、根底にある問題を生み出している旧来のメンタルモデル、パラダイム自体が変わらないと、繰り返し問題は起こり続けるのだ。中小企業に限らず、中堅企業や大企業を支援する時でさえも、本質的な問題はこの点にある。よって、一般的なロジカルなマーケティング分析手法を使用する際には、順番として、人間的な深層課題の本質を押さえてから活用するとよい。

では、フューチャーマッピングを実施すると、どうなるか?

フューチャーマッピングの面白いところは、個人や組織にある暗黙知を、ダイアログ（対話）を通じてストーリーという形で浮かび上がらせるという点だ。しかも、**そのストーリーは、利他の精神に基づいたものである。**すると、参加した人は、自身をストーリー上の人物に投影し、描きたい未来、解決したい社会的な問題について、忖度一切なしで、思うがまま発言する。自身をヒーローやヒロイン、ないしは、登場する重要人物として投影しながら発言するわけだ。

ストーリーというものは古代最古のテクノロジーである。それがゆえに強力だ。共有したストーリーは一度頭にこびりついたら離れず、現実世界の小さな選択や決断にも無意識下に影響する。小さな日々の行動として積み重なっていくのだ。一緒にストーリーを考えた人たちは、無意識下でその物語上に乗り、現実的な壁にも対峙《たいじ》しながら、粘りつよく課題に立ち向かう。なぜなら、失敗や挫折もストーリー上で織り込み済みであるからだ。

冷静に向き合いながら一つひとつの事象に取り組み、どうすれば解決するかも想像できている。徐々に変化が起こり始め、その会社は気づくと、問題を必要としない新しいパラダイムへ移行しているのだ。新しいパラダイムのもとでは、すでに必要なリソースは内にあるので、シナリオどおりにアクションプランを実行していくことで、組織が本来あるべき姿へと活性していく。

これが、フューチャーマッピングで変容が起こるメカニズムである。

Session 1（経営者セッション）

目的	経営者（もしくは組織トップ）が直面する問題へのコンサルティング
ツール	フューチャーマッピング
課題	社長が心底に留めていて盲点になっていた「本質的な課題」が無意識下で足枷になっている
概要	社外視点を持ったコンサルタントと深い対話（ダイアログ）をとおして、トップ自らが持つ理想の未来へ至るストーリーを描き出すことで、盲点になっていた「本質的な課題や価値」を浮かび上がらせる
3つのアウトプット	1、経営トップが気づけていない複層的問題の深層に潜む「本質的な課題」の発見と問題解決シナリオ
	2、深層に置き去りにされていた「構想・ビジョン」「想い」を採掘
	3、分かりやすく伝えきれていなかったトップならではの「ビジョン」「創業の想い」などを言語化

＊5 経営者がフューチャーマッピングを活用することで、無意識下で足枷となっていた本質的課題などの3つの真実がアウトプットされる

以上のように、根本的な原因は、社長が心底に留めていて盲点になっていた「本質的な課題」が無意識下で足枷《あしかせ》になっている。これに対して、フューチャーマッピングというツールを使い、社外視点を持ったコンサルタントと深い対話（ダイアログ）をとおして、トップ自らが持つ理想の未来へ至るストーリーを描き出すことで、盲点になっていた「本質的な課題や価値」を浮かび上がらせる。そして、次の3つのアウトプットを引き出すのが、未来につづく会社になるためのレッスン2「トップが真の価値と課題を発見し、決意する」であるのだ。

1、自身が気づけていない複層的問題の深層に潜む「本質的な課題」の発見と、問題解決シナリオ。

2、深層に置き去りにされていた「構想・ビジョン」「想い」を採掘。

3、分かりやすく伝えきれていなかったトップならでで

はの「ビジョン」「創業の想い」などを言語化。（＊５）

「トップが真の価値と課題を発見し、決意する」まとめ

社長は、アイデアが豊富でビジョナリーだが、あちこちに意識が散漫しがちである。行動派で「思いついたら即実行」となりがちで、案外、優先順位もついていない。自身の何が根本の課題になっているかも気づけていない。メンバーの感情や文脈を摑んだ道筋・シナリオまでは描けない。

真の課題は別にある。真の価値に気づけていない。
トップは真実と向き合い、変容を決意せよ。

第3章

幹部が自身と向き合い、
社長・幹部同士が「つながる」方法

社長と幹部が「つながる」方法
創造的問題解決の「原則3段階ステップ」

わたしどもの支援の手順は、社長→幹部→合同の原則3段階ステップを踏む。P50図の「未来につづく会社になるための7つのレッスン」のレッスン2・3・4がそれにあたる。

1、社長向けセッション（トップが真の価値と課題を発見し、決意する）＊2章・レッスン2
2、幹部向けセッション（幹部が自身と向き合い、社長・幹部同士をつなげる）＊3章・レッスン3
3、社長・幹部合同セッション（未来のビジネスモデルを構想する）＊4章・レッスン4

経営者の次は、幹部層が対象となる。3番目のレッスンでは「幹部層で起きている問題について」がテーマである。

そこでも経営者の時と同様に、フューチャーマッピングを活用する。支援側の立場でいうと、この幹部セッションで「社長の考えと幹部の考えの合致度」と「会社全体の実態」が赤裸々に透けて見える。

特に、ここで気をつけるのは、算盤会社。算盤会社にとって大きな問題が、ここで表面化される傾向があるので、気をつけてご覧いただきたい。

変化が起こる会社――変化を潰す会社

その違いは、社長が知らない、幹部同士の会話にあり。

突然だが、ここであなたに質問がある。

あなたの会社の幹部は、あなたがいないところで、どのような会話をしているだろうか？

「そんなの、気にしたこともない」

という豪快な社長であっても少し想像していただきたい。

わたしどもの支援では、先にもお伝えしたように、フューチャーマッピングを必ず用いる。社長の次には、幹部ともストーリーを通して対話し、深層思考や感情の琴線に触れる。そのため、その会社の社長と幹部はどれ程つながっていて、どのくらい溝が深いか？ が見える。

誤解を恐れずに言うと、
「この会社はこのまま放っておくと、どうなるか？」
という近未来が予測できてしまうわけだ。

それほど、幹部同士のセッション中の会話内容は、社内を赤裸々に描写している。

この幹部層で起きる問題について、わたしどもの意見では、

〝幹部が自身と向き合い、
社長と幹部、幹部同士で「つながる」ことが、
未来につづく会社になるための必須条件である〟

というものだ。換言すると、**社長―幹部同士でつながれていない会社に未来はない。**

幹部についての諸問題は、社長にとっては、なかなか重い問題だ。社長が決断したものを受けとめて実行するのは幹部である。しかし、指示したことが進まずにイライラを募らせている経営者もいるだろうし、ある幹部がいろいろなものを抱えこみ会社の成長を止めてしまっていることに頭を悩ませている経営者もいるだろう。もっと深刻な話もある。

よくある社長の言い分は、こうだ。

「他に代わりになる幹部がいない」
「あいつは昔から貢献してくれているから」

こういった考えを持ちながら、現状維持のままで、社長はバラバラと幹部に指示を出す。すると、各部門の幹部が異なる立場で、社長の指示やビジョンを理解する。それぞれがバラバラに走るために、変化のスピードが増すにつれ、幹部同士の理解や協力が得られずに、ぶつかり合いが増える。こうなると、社長は、
「幹部同士がぶつかるのも仕方ない。これだけ、変化が激しい時代なのだから」
と自分に言い聞かせるようになる。このような状況をよく目の当たりにするのだが、厳

しいことを言うと、それは、社長都合の偏った言い分でしかない。

このような考えにわたしどもが至った理由も、実際にお客様を支援する中であった「事実」からだ。社長が思われているほど、幹部の気持ちがあらゆる面で合致していないことが本当に多いのだ。

それでは、

・幹部の本音は、一体どのようなものなのだろうか？
・幹部は、社長の意図をしっかりと汲みとっているか？
・幹部同士では、どのように思っているのか？

当然のことながら、幹部は多くの部下を率いているため、幹部一人ひとりの内面は、会社を正しく導けるかどうかに大きく影響する。これについては、幹部が向き合うべき3つの重要なポイントがあるので、先の2社の幹部セッションの「結果」と合わせて、それぞれ解説していこう。

「論語会社」の幹部同士の会話は？

「思考が見える化され、ストーリー上で計画を立てることで、腑に落ちました。この時間を共有した仲間がいたことが、大きな価値となりました」

こちらは、論語会社A社バイスプレジデントの言葉だ。幹部同士のコミュニケーションもよく、場が明るい。人間味あるユーモアや優しさが対話に滲みでて、会社愛も伝わってくる。取締役や執行役員からも、

「とても気持ちがすっきりしました。あのようなフューチャーマッピングで課題や改善が見えて、会社にとって大いなるビジョンが見えました」

「一緒に話した役員の姿勢が見えたのも、大きな収穫でした」

「メンバーそれぞれ角度は違っていても、社員を大切にする社長の想いを共有していたこ

とはとても嬉しい」

といった感想だ。

論語会社らしい人間性が感じられる。ただ雰囲気はよくても、先の感想のように、深層部分までの相互理解までは確信が持てていなかったようだ。さらに言うと、経営数字に関しては全く会話に出てこなかった。

通常、通年の売上目標の数字、担当各部門の売上・利益・粗利額ぐらいは出てきそうだが、それも幹部の方の口から明確に出てこなかったのには、正直びっくりした。それでも経営が成り立っているのだから、思わず目を疑ってしまったほどだ。裏を返せば、社長の想い・理念経営でここまで会社を伸ばしてきたことに敬意を表するが、いささか危惧の念を伴わざるを得なかった。

(論語会社A社の幹部セッションの結果)

論語会社A社の幹部セッションの様子は？　というと、参加者全員がセッションを受けることを楽しんでいる様子であった。会社が最優先で取り組まなければならないことを明確にしたいという想い。それと、社内にすでにある「魅力」が、自然と社内外に素晴らしい価値であると伝わっていく未来を期待して参加された。

集合知性を発揮するセッションらしく、まるで、下打ち合わせをしていたかのように幹部同士の対話によって物語が作り上げられた。ここでは、その内容は割愛するが、そのストーリーから、課題解決のシナリオ・アクションプランが、幹部間で見出され、共有化された。A社幹部からあがった（物語を描く前の課題設定）と（物語を描いた後の深層テーマ）の変化が次のとおりだ。

（物語を描く前の課題設定）
「会社が従業員の幸せと健康を導き応援する
環境と利益を生み出すためには？」

（物語を描いた後の深層テーマ）
「女性従業員がワクワクするような夢を持ち、
自分を表現することにチャレンジし続けるには？」

この深層テーマは何を意味しているのかというと、女性従業員が社内外で憧れられる存在になるようなバックアップを会社がすることである。

今まで、A社は世界中の人たちを健康に導くというビジョンを掲げてきたものの、現場でそれを実行する従業員には、あまりスポットを当ててこなかった。

しかし、従業員が健康と幸せで〝食のあり方〟を日本から世界に伝えていくには、彼ら自身が自分のスキルを披露する場や、広い世界に目を向けてチャレンジできる機会、キャリアを育み仕事に誇れるように自己表現する機会が大切である。特に、次世代を担う若手の女性従業員には、そうあってほしい、ということを幹部同士で話し合ったのだ。

このことを追求していくためにも会社が、社員の幸せと健康を導き、応援する環境をつくり、利益を生み出す。社会にインパクトを残す働きかけが必要である。A社は、いつしか会社の理念を押し付けるばかりになってしまい、従業員の思いを引き出して、彼らを惹きつけるような努力をすることを忘れてしまっていたことに、幹部は気づいたのであった。

「算盤会社」の幹部同士の会話は？

「うちの幹部の人たちを見てもらえば分かると思いますよ」

算盤会社B社の担当の方が、わたしどもに言い放った言葉だ。これは、「うちの幹部たち、相当、仲が悪いですよ。だから、セッションする時には気をつけてくださいね」ということを含んだ発言であった。

実際、その言葉どおり。B社幹部セッションの空気は、あり得ないぐらい、とても重いものだった。意見を出し合う際にも、数字責任の押し付け合いが始まり、幹部同士で対話したくないという露骨な態度をする方もいる。他人の発言と比較、対立し、弱みを見せまいと協力を求めない。居《い》た堪《たま》れないぐらいギスギスしたものだ。

それでも、物語では嘘はつけない。「社長に認められたい」という思考が物語に表れ、ぶつかり合いをする幹部たちの間に「共通意識」が生まれ、コミュニケーションのきっかけとなった。この幹部たちの深層思考が「社長に認められたい」というものだったわけだが、そういった「共通意識」が分かっただけでも大きな前進なのだ。また幹部同士で相乗効果を発揮する、具体的な目標達成のための行動シナリオ案も話された。

数字に関しては、極めて明確。それでいてシビアだ。会社の目標数字は幹部に叩き込まれ、KPI、コミットメントといった言葉を多用する。会議でも頻繁に使用し、納得感のあるなしに関係なく、数字を追っている様子はハッキリと窺える。

〈算盤会社B社の幹部セッションの結果〉

B社の幹部セッションの様子はA社とは真逆の様子であった。幹部同士の普段からの関係性の悪さが露呈し、意見もまとまらず。幹部の仲は、最後まで目を合わせようともせず、終始パソコンを開いたままセッションを受ける。それでも、ようやく意見がまとまり、B社幹部からあがった（物語を描く前の課題設定）と（物語を描いた後の深層テーマ）の変化が次のとおりだ。

（物語を描く前の課題設定）
「月商35億円（今の2倍）を達成するために幹部が準備をすることは？」

（物語を描いた後の深層テーマ）
「社長が喜び、幹部を称賛し、社員が達成感で充実するには？」

なんと！　結果にコミットするような議論を交わしていた幹部だったが、深層テーマが意味しているものは、「社長に褒めてもらいたい、認めてもらいたい、そして、達成感に浸りたい」というものであった。

これが浮き彫りにされ、幹部たちは、それを認めざるを得ない状態となった。そのストーリーは、社員がお金を稼げるだけ稼ぎ、よい住居に住み、異性とお酒を酌み交わすといったもの。自分が頑張っていることを認めてもらいたいという気持ちが、深層心理の中で根強くあるということが、ダイアログから浮かびあがった。インセンティブでモチベートされ、ここまでのし上がってきた幹部たちは、社長がこれから次の未来に移行したい世界観とは、大きくかけ離れたものであった。プロパーの役員と中途採用の役員とで確執も見うけられた。社長から評価されたい、賞賛を得たいというのは、無意識下にあるのだろう。しかし、そのような気持ちが幹部全体にあるということが、セッションで共有された上で行われた話し合いは、実に現実的。今すぐ結果に直結する提案がなされた。

要約すると、まだ契約をあげたことのない社員を契約経験させ、営業スキルの底上げを図る。そのために、既存客からの紹介と買い増しを企画する。さらには、精密な顧客管理と営業フォローアップの仕組みをつくり、顧客ターゲットの絞り込みと、高成約パターン営業、カスタマージャーニーを設計することが話し合われた。この施策を進める際には、社員が達成感に浸れるコーチングと称賛を、分かりやすくカタチとして残すことが必要であることを共有した。

幹部が向き合うべき3つの重要なポイント

このように、バックキャスティングで描く利害関係を全く生まない未来志向のストーリーをダイアログすることで、幹部同士で一貫性が整い、部下を前向きに巻き込む行動シナリオが創発される。これが、幹部向けのセッションの特徴である。

セッションで交わされた議論をもとに、各幹部には、自身の考え方を振り返り整理してもらう。そのために数週間かけて個人課題に取り組み、課題を提出していただき、その課題に対して弊社コンサルタントが個人レポートをお返しする。こうして、「幹部が向き合うべき3つの重要なポイント」が表面化されるのだ。

1つ目は、幹部が、自身の内面と向き合うようになる。これにより、ある幹部は、自分がいかに私心を強く持ちすぎていたか、自身を見つめなおす。
2つ目は、幹部が、他の幹部の考え方に向き合うようになる。これにより、ある幹部は、いかに、他の幹部を本当の意味で理解できていなかったかを感じ取る。
3つ目は、幹部が、会社の方向性と向き合う。これにより、ある幹部は、いかに自分が会社の目指す方向性とズレが生じていたかを感じ取る。

さらには、社長にも、幹部が提出する個人レポートを確認いただくことで、「一体、幹部の本音は、どのようなものなのだろうか？」という日頃からの不安（もしかしたら、不信感）は払拭され、社長と幹部が深くつながっていく。

まとめると、次の3つのアウトプットが引き出される（＊6）。

1、幹部自身が、複層的な問題の深層に潜む、本質的な課題を発見。
2、異なる部署間が相乗効果を発揮し、スムーズなコミュニケーションを可能にする共通言語を抽出。
3、幹部同士での目標達成ストーリーと自発的な行動シナリオを共有、アクションが起き

Session２（幹部セッション）

目的	幹部が直面する問題へのコンサルティング	
ツール	フューチャーマッピング	
課題	各部門の幹部ごとの異なる立場でビジョンを理解し、それぞれで走り始めた結果、変化のスピードが増すにつれ、理解や協力が得られず、ぶつかり合いが増える	
概要	バックキャスティングで描く利害関係を全く生まない未来志向のストーリーをダイアログすることで、幹部同士で一貫性が整い、部下を前向きに巻き込む行動シナリオが創発される	
３つのアウトプット	１、幹部自身が、複層的な問題の深層に潜む、自身の本質的な課題の発見	
	２、異なる部署間が相乗効果を発揮し、スムーズなコミュニケーションを可能にする共通言語を抽出	
	３、幹部同士での目標達成ストーリーと自発的な行動シナリオを共有、アクションが起き始める	

＊6 幹部がフューチャーマッピングを活用することで、幹部間で足枷となっていた3つの分断がつながるのが特徴

始める。

これが、未来につづく会社になるためのレッスン3「幹部が自身と向き合い、社長・幹部同士をつなげる」である。

未来に向かうエネルギーを言語化する

先の2つのセッションでは、人間的な視点だけでなく、自社の「事業」においても深く向き合うことになる。

社長は、深層に置き去りにされていた「構想・ビジョン」「想い」が採掘された。

幹部は、バックキャストして物語を作るダイアログを通じて、異なる部署間が相互理解をし始めるようになる。さらに相乗効果を発揮し、スムーズなコミュニケーションを

可能にするような「共通言語」が抽出されるようになる。その結果、幹部同士での目標達成のためのストーリーと行動シナリオが共有され、自発的なアクションを起こし始めるようになる。

このようなプロセスを経ると、社長と幹部とで、社内に無意識のうちに埋もれている付加価値と、未来へ向かうエネルギーが「共通言語化」されるのだ。

実は、この共通言語化されたものが、次のレッスンで用意されている未来のビジネスモデルへと生まれ変わらせることに、大いに関係してくる。具体的には、次の章で紹介するが、ここまで実施しただけでも、たいていの会社ではポジティブな結果が得られ始める。

利他の物語が、集合無意識レベルで共感・共鳴されて、自然と自発的な行動が起き始める。これが、最初に土台としてあることで、結果、中長期的、かつ、持続的な売上が伸びる。わたしどもが20年のコンサルティング活動をしてきた結論なのだ。

本章までで、創造的問題解決の「原則3段階ステップ」の2段階目のセッションについて触れた。次章では、「合同」セッションについて触れる。

次章では、この未来へ向かうエネルギーが「共通言語化」されたものを、未来のビジネスモデルへと生まれ変わらせるステップについて触れていく。一連の流れとして、このまま一気に、続けてご覧いただきたい。

幹部が自身と向き合い、社長・幹部同士が「つながる」方法　まとめ

幹部は、部門ごとで役割を担うため縦割りとなり、幹部間の連携が取れていないことが多い。対立を起こしていることも少なくはない。さらに、今行われていることが、将来、どのような結果につながるかイメージできていないことも。つまり、バックキャストされていないのだ。よって利己的になりがちになる。得たい結果をバックキャスティングで物語を共有することで、他部門の活動を文脈で理解できるようになり、連携が生まれるようになる。

利己的な人物を、幹部に選んでいないか。
幹部同士が分かち合うには、
幹部自身が真摯《しんし》に自身と向き合い、

幹部同士の対話の機会をつくること。

第4章

未来のビジネスモデルを構想する

他社が真似しようがないものは、己の中にある

ここまでで、

「とはいえ、
事業自体が、社会から受け入れられなかったら、
会社は、未来に生き残れないのでは？」

と考える人も当然いるだろう。

そのとおりだ。

ここからの話は「未来につづく事業モデルづくり」がテーマになる。あなたの成熟事業を未来に似合うように生まれ変わらせていく。「未来のビジネスモデルを構想する」のが第４のレッスンだ。

「そうです！　池田さん、それを、待っていたんです」

という声が聞こえてきそうだが、

「……でも、それが簡単にできたら苦労しないですよね？」

とも思われるだろう。そう思われるのは、すでにあるビジネス形態に自社を合わせようとしたり、世間にあふれるビジネスモデルの中で、差別化を図ろうとしているから。

わたしどもの考えでは、やるべきことは、全く逆である。
それを３つの観点で説明しよう。

３つの「つながり」を経て構想した「未来のビジネスモデル」が会社に与える影響

実は、ここまでの手順は「事業づくり」においても意図がある。
それは、３つの「つながり」という観点だ。「経営者」「幹部」それぞれでセッションを実施してきたが、この一連のセッションで「会社を衰退させる要因となる３つのギャップ」をつなげてきているのだ。

会社を衰退させる要因となる3つのギャップとは、次の3つである。

1、社長自身の「内面」と「外面」のギャップ
2、「幹部同士」「社長と幹部」の深層思考のギャップ
3、「社会」と「会社」のギャップ

……前項までの「経営者」「幹部」の2セッションでは、何をしてきたかというと、

・社長自身が内面とつながる（第1の「つながり」）
・社長・幹部同士がつながる（第2の「つながり」）

この2つの「つながり」をしてきたわけだ。これらがつながると、会社としての一貫性が整い始める。社長の想いが幹部とつながり、その幹部同士もつながりだす。社長と幹部が内から意見を出し合える状況になると、社長と幹部の中で、社内に無意識のうちにも埋

れている付加価値と未来へ向かうエネルギーが言語化される。

そこで、次は、何をするのか？　というと「会社と社会をつなげること」である。合同セッションを実施することで、「社会」と「会社」のギャップやズレを調和・連結させるのだ。

つまり、合同セッションの目的は、

・社長と幹部が内に秘めた企業ビジョンが、社会のニーズとつながる（第3の「つながり」）

ここで初めて論理的マーケティング分析も使い、自社の価値を活かした「未来のビジネスモデル」を構想するのである。このプロセスを経て、できあがった未来のビジネスモデルは、〝会社が生まれ変わった未来の姿そのもの〟となる。整理すると、こうだ。

・自分自身の才能や自社にしかない価値といった、他社が真似しようがないものの価値探索・発見がされる。

・すでに会社に内在している強みや価値を再発見したり、見出したりすることなので、さほど努力を要しなく当たり前すぎて今まで気づかなかった強みを浮かび上がらせ、その強みに沿ったビジネスコンセプトの種を、短時間で生み出せる。
・そして、その自らの独自の才能や、自社のユニークな価値を表現するコンセプトがイメージされる。
・それを、ビジネスモデルに落とし込み事業化すれば、誰にも真似できないオリジナルな事業が、比較的簡単にできあがる。さらにそれを突き詰め、提案をシンプルにしていき、優良な新成長事業へと成長させていく。

というステップだ。


「なぜ、このようなプロセスが必要なのか？」

「社長や幹部のセッションなどビジネスモデルに関係ないだろう？」

「まどろっこしくないか？　もっと最短で考えることができるだろう」


と、思われるかもしれない。しかし、その考えは完全に誤っていると言わざるをえない。

なぜなら、時代はいよいよマーケティング４・０の世界へ突入しているからだ。

マーケティング4・0と未来のビジネスモデル

マーケティング4・0の世界とは何か？

4・0の世界を一言で言うと、「個人と社会がいかに調和しているか？」「自分の内面と思考が社会とどう調和しているか？」を追求する自己実現フェーズの世界である。

近代マーケティングの父といわれるフィリップ・コトラー氏の名前はお聞きになられたことはあるだろう。直近で出版された『コトラーのマーケティング4・0スマートフォン時代の究極法則』（朝日新聞出版）。この中でコトラー氏曰く、マーケティングの世界も大きく変わってきて、マーケティングの世界は1・0から2・0、3・0を超え、今はいよいよ4・0の世界に入ったという。

それぞれを簡潔に説明すると、マーケティング1・0は、いかに商品をアピールするかという商品中心の世界、2・0は、顧客視点でいかに注意や認知、満足度を引くかといった顧客中心の世界、3・0は、地球規模の社会性を持った事業が共感を得られるという価値中心の世界のこと。それに対し、4・0はというと、マズローの5大欲求でいうところの自己実現の世界だという。

自社のサービスや商品が、顧客の「自己実現」に直結するコトとして認識してもらえるかどうかが、売れる引き金となるわけだ。それらをニューウエーブの技術を備えた「デジタルツール」、つまりインターネットやソーシャルメディアに乗せる。そのことで顧客同士がつながり、顧客同士がそれを推奨し合う。そのような世界をコトラー氏は提唱している。

こういった背景からも、社長と幹部が心から「自己実現したい」という世界観を、未来のビジネスモデルに組み込んで、事業をつくるということがいかに外せないか、お分かりになるだろう。

そういう想いで、幹部が事業推進に向き合ったら、どうなっていくだろうか？

少し想像してみてほしい。幹部は自己実現のために担当する事業をやり抜く。それが会社のビジョンとつながっているため、会社は発展・成長に向かう。その姿勢は、必ず社員や顧客に伝わっていくのである。

未来のビジネスモデルを作成する価値を届けるビジネスモデルを構想する「実践ツール」

フューチャーマッピングで、ぼんやりとでも浮かび上がってきたコンセプトを明確にしていく作業がレッスン4だ。

この作業をする上で有効なツールが、「ビジネスモデル・キャンバス」である。ビジネスモデル・キャンバスとは、『ビジネスモデル・ジェネレーション ビジネスモデル設計書』（翔泳社）で紹介されたツールで、ビジネスモデルを構成するのに必要な9つの要素を、次頁のように1枚のチャートにしたものだ。

それぞれの要素について説明しよう。このキャンバスの中核にあるのは、いわゆる、顧客に提案する「価値」だ。この価値が顧客に評価されなければ、それはビジネスとして成り立たない。

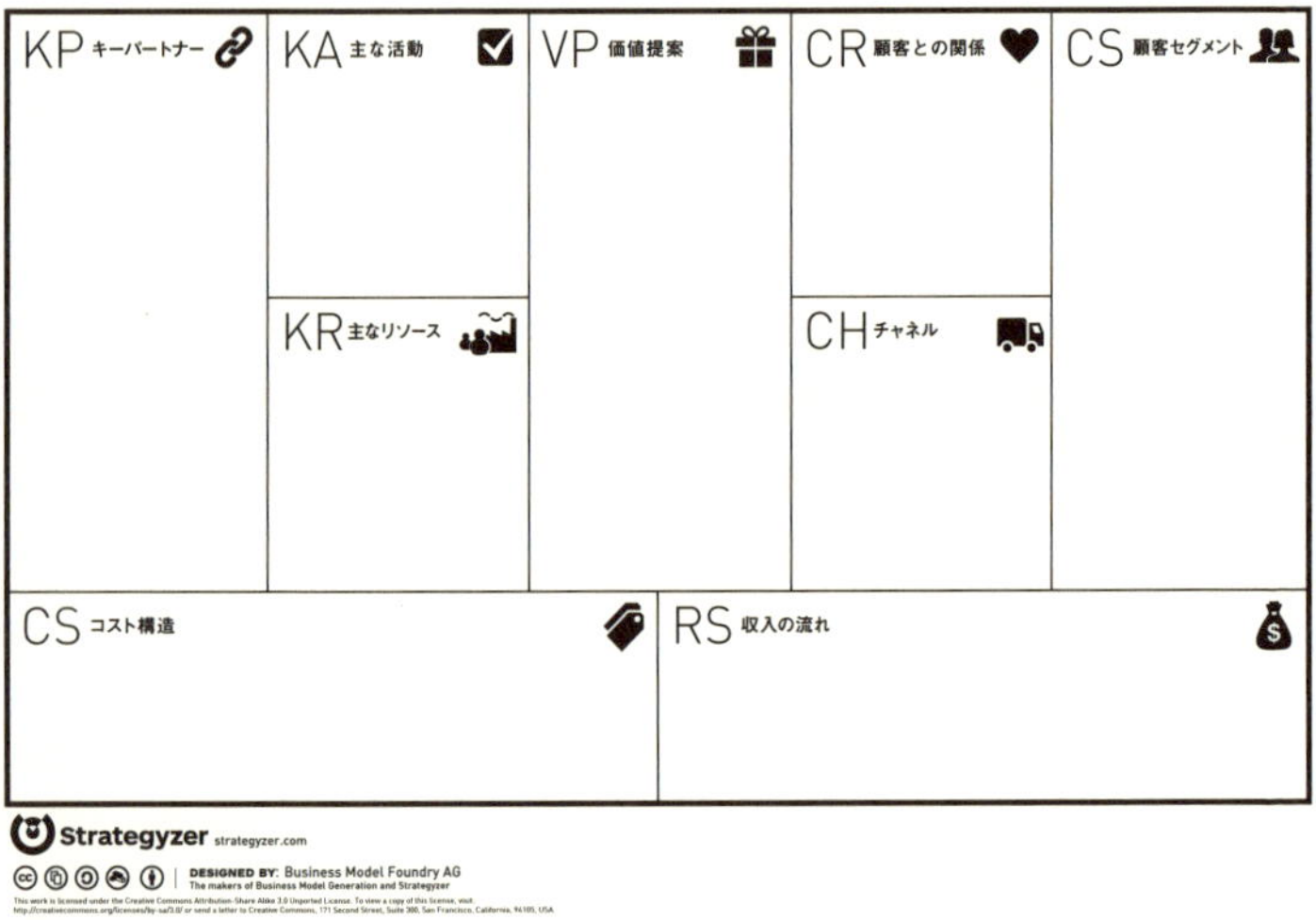

＊「ビジネスモデル・ジェネレーション ビジネスモデル設計書」（翔泳社）ビジネスモデル・キャンバス
Business Model © strategyzer（strategyzer.com）
Designered by Business Model Foundry AG

この価値を中心に、右側にある4つの要素は、外に向かっての企業活動、すなわち市場との関わり合いを意味している。顧客は誰なのかという「顧客セグメント」、顧客とはどのような関係を築くのかという「顧客との関係」、その2つをどのように顧客に届けるかという「チャネル」、そして一番下は、それらの活動をきっかけに、顧客からどのようにお金を頂くのかという「収益の流れ」を指している。

一方、左側は、その価値を生み出すための社内の活動を説明している。「主な活動」とは、価値を生み出すための主要な活動、「リソース」は価値を生み出すための主要な資源。一番左の「パートナー」というのは、価値を生み出すための主要な取引相手やパートナーである。

そして、これらの活動や資源にはどれだけのコストがかかっているかを表しているのが、下の「コスト構造」だ。このように、ビジネスモデル・キャンバスを使うと、価値を中心にしながら、価値を生み出し、提供する一連の作業を9つの要素に分解し、整理できる。

すると、人に説明できるようになるし、何より、ビジネスを立ち上げるにあたり、検討していなかった、見落としていた部分にも気づけ、自社に足りないところがよく分かる。

具体的には「キャッシュについて考えていなかったよね」とか、「そうそう、これを実現するのに、お客はいくらでもいるけれど、提供できる人を育てるのが、ものすごく大変だよね」といったところが、短時間で浮き彫りになるから、成功のイメージがさらに明確になってくるというわけだ。

「レッスン2・3を飛ばして、いきなりビジネスモデル・キャンバスを描いてはいけないのか?」と考える人がいるかもしれないが、キャンバスは、先に述べたように、一つひとつの部品を組み合わせる作業であり、それだけでビジネスに血が通うわけではない。そこで、ビジネスモデル・キャンバスとフューチャーマッピングを組み合わせるのである。ビジネスモデル・キャンバスは定点観測の静止画であるのに対し、フューチャーマッピングは動画、すなわち物語を作り出していくものであり、ビジネスに血を通わせる心臓の役割を果たしてくれる。

さらに、これが新しい事業をつくるということなら、ここで事業計画書や企画書を作ることになるだろう。大きな予算を獲得したり、資金調達したりするには、企画書は必要になる。しかし、中小企業の場合だと、紙だけの企画書は、実際に活用されないでキャビネットにしまいこまれることがほとんどだ。企画書があると、ありとあらゆる専門家が意見を述べてくるけど、紙の上でブラッシュアップしても本当にうまくいくかどうかは分からない。それなら、企画書を充実させていくよりも、実際に小さなプロトタイプ（試作品）を動かしてみて、小さな範囲でビジネスを実践した方が、断然早く、事業を立ち上げられるのだ。

こうして社内に無意識に埋もれている付加価値、未来へ向かうエネルギーが言語化されたものが、ビジネスモデルとして見え始めてくると、自社に対するイメージが一段上がり、社長や幹部たちの脳に未来像がイメージされ始める。

こうなると、社長や幹部から、

「うちの会社にも、光が見えてきました」

と目を輝かせ始めるのだ。

このプロセスに一度乗ると、ドミノ倒し的に、いい相乗効果が起こり始める。一般社員に浸透し始める土壌が生まれるのだ。

8章で述べるが、この後に、社員とも「つながる」ことで、社員も社会と調和し、会社と自分のビジョンの一致が見え始める。すると、社員は、安心し夢中になって仕事に打ち込むようになるので、自然と社内の協力関係が高まる。

さらに、合同セッションでは、今すぐ実行可能でありながら、組織内でドミノ式に効果を生む「最重要施策」を導き出す。それがゆえに、具体的なアクションプランの最初の一歩が決まり、社長・幹部各人がそのプロジェクトに向けた準備を始める。すると、全部門が相乗的効果を最大限発揮させるように連動し始めるのだ。

Session３（経営者・幹部合同セッション）

目的	組織内でドミノ効果を引き起こす「最重要施策 」と「未来のビジネスモデル」を同時に導出
ツール	ビジネスモデルキャンバス、他
課題	トップと幹部のそれぞれが内面で持っていたビジョンのズレ
概要	トップと幹部のそれぞれが内面で持っていたビジョンのズレを連結。すぐに実行可能でありながら、組織内でドミノ効果を生み出す「最重要施策」を明確にし、突破口を見出すことで、全部門が相乗的効果を最大限発揮させる最初の一手を導出する。
３つのアウトプット	１、トップと幹部のビジョン連結
	２、ドミノ効果を引き起こす「最重要施策」の導出
	３、自社の価値を活かした未来のビジネスモデル案の構築

＊６ 合同セッションでは、この３つのアウトプットが引き出されるのが特徴

まとめると、次の３つのアウトプット（＊６）が引き出される。

１、トップと幹部のビジョン連結
２、ドミノ効果を引き起こす「最重要施策」の導出
３、自社の価値を活かした未来のビジネスモデル案の構築

以上のように、トップと幹部のそれぞれが内面で持っていたビジョンのズレを連結。すぐに実行可能でありながら、組織内でドミノ効果を生み出す「最重要施策」を明確にし、突破口を見出すことで、全部門が相乗的効果を最大限発揮させる最初の一手を導出するのが、「未来につづく会社になるためのレッスン４『未来のビジネスモデルを構想する』」である。

この全社的に影響を与える一貫性を持った一連の流れこそが、わたしどもが提供する「真に長く売上を飛

一般的なコンサルティング と 創造的問題解決コンサルティングの違い

	一般的なコンサルティング		創造的問題解決コンサルティング
プロセス	ヒアリングから開始	⇔	フューチャーマッピングから開始
アプローチ	調査・分析による部分的	⇔	非言語の深層課題にアクセス
筋道	段階式（部分的）	⇔	ドミノ式（本質的課題を包括）
効果期間	一時的・対処的	⇔	中長期的・持続的
効果・成果	バラバラの施策・対策による結果	⇔	変容・未来に向けたリニューアル
組織への影響	部門ごと	⇔	シームレス（部門と世代を超えた共創）
効果の範囲	個々の施策・対策による範囲	⇔	深層課題を包括することで全体に及ぶ
特徴	論理的	⇔	論理と感性の融合
分野	マーケティングコンサルと 組織開発コンサルは、別もの	⇔	事業開発（マーケティング）と 人材開発（組織学習）を、同時に実施

＊7 フューチャーマッピングという「創造的問題解決法」を最初に用いることで生まれる「決定的な違い」は、人と組織に変容が起こることである

躍的に伸ばす方法論」である。これは、一過性の売上アップのテクニックではない。関わるすべての社員が一丸となって、会社を未来から応援される姿へと変える。まさに、物語であり、これが従来型の傾聴ヒアリングから始まる一般的なコンサルティングとは大きく違う点である。（＊7）

生き残る会社になるために社長がやるべきこと
3つの「つながり」ができている社長VSできていない社長

ここまでの振り返りとして、最後に、大切なことをお伝えする。

繰り返しになるが、

・まずは、社長が自身の内面とつながる。

・次に、社長と幹部の「関係の質」を高める。そのためには、対話の場が必要。
・社長と幹部で「利他の物語」を描くこと。
物語は共有ビジョンであり、目標達成シナリオをやりぬく力でもある。
・自社ならではの強みを活かした「未来のビジネスモデル」を構想する。

この手順で進めることで、その先に社員が「個人と社会の調和」「会社と自分の将来ビジョンの一致」を見られるようになる。安心感を持って仕事に打ち込むようになるので、自然と社内の協力関係が高まる。

普通に考えると、そう容易《たやす》いことではないが、ここまでお読みのあなたは1つ大きな情報を得たといえる。なぜなら、フューチャーマッピングという〝創造的問題解決法〟を、お知りになったからだ。

今、経営者に問われるのは、マーケティング4・0の時代に合ったビジネスモデルと、会社を衰退させる要因となる3つのギャップをつなげること。これが叶ったリーダーは、未来につづく会社を率いる土壌が整ったといえる。

信用経済といわれる今、今後ますます企業アライアンス、契約やパートナーシップ、社

		3つの「つながり」ができている社長	3つの「つながり」ができていない社長
1	自身との向き合い方	自身の内面とつながっている	言行・振る舞いの不一致
2	社会とのつながり	個人と社会の調和	利己重視的
3	幹部との接し方	対話と指示を併せ持つ	説得型
4	NO２との関係	役割・権限・責任を明確	牽制（恐れ・ひがみ）
5	他者との接し方	まず相手を理解し自分を理解してもらう	自分の仕向けたい方向に誘導・依存
6	組織の成功循環モデル	関係性ファースト	成果ファースト
7	経済	信用経済	貨幣経済
8	姿勢	謙虚さ、感謝	傲慢さ、損得勘定
9	戦略	一貫性のもと、変化に適応	突発的・断片的、一貫性の不一致
10	プロジェクトの人選	実行責任者をきちんと任命	実行者が不透明なまま進める
11	決断	即断即決	優柔不断
12	流行	不易と流行のバランス、選択	流行についていけない or 定着させられない
13	売上構築	売上のあげ方がコントロール可	売上のあげ方に波があり、自己都合的
14	投資配分	計画的・高リターンに投資	無計画・非効率
15	組織	誰しもが守れるルールを作成し遵守	既存ルールが守れないまま、新しいルールを作成
16	社員との向き合い方	社員の物心ともに成長を願う	社長自身の保身・既得権益が優先
17	人間性	人格を磨きつづけることに余念がない	人間性を磨くことには無関心、売上には関心
18	採用	既存社員を活かし、新規採用	入れ替え・補填としての採用
19	目標設定	期限・状態（数字）が明確	数字が不明確
20	権限委譲と責任	権限委譲し、各責任が明瞭	権限と各責任が不明瞭
21	ピンチ時の対応	事前説明し、メンバーと一緒に乗り越える	事前の説明なき、リストラ
22	情報透明性	情報共有を徹底・オープン	情報分断・クローズ、サイロ化を助長

＊10コンサルティング先で「伸びる会社の社長の特徴」をまとめ、著者が作成。伸びる会社の社長は、論語と算盤、3つの「つながり」がきちんとできている

員への振る舞い・発言、幹部会議での発言、オファーやサービスメニューに至るまで、人間としての信頼が伴わないと、その会社はたちまち市場からそっぽを向かれ、生き残ることはできない。既存の利権が、次々と崩れ始め、社会全体が集合無意識下で、4・0の共創時代へ移行し始めているからだ。

わたしどもは、この全てにおいて矛盾なく一貫性を持った連携する成熟した知性のことを、コネクティング・インテリジェンス（CQ）と呼んでいる。

このCQの高いリーダー、経営者の22の特徴（＊10）を表にしているので参考にしてほしい。今の時代のリーダ

ーに必須と言える項目だ。
この表を発表した際に、わたしどもの経営者コミュニティでの反響は、極めて大きかった。ある経営者は、自分の内面とディスコネクト（つながっていない切断状態）について反省し、他のある経営者は売上ばかりを気にしている我を振り返り、別の大企業の社長は、「この表をコピーして常にカバンに入れて持ち歩いています」とコピーを見せられた。

あなたは、どうだろうか？

ここまで読み進めていただいたあなたと一緒に、わたしも自らに問いかけてみたい。

「わたしは、自身の内面とつながれているか？」
「わたしは幹部と、または幹部同士でつながれているか？」
「わたしは、社会のニーズとつながれているか？」

あなたの会社の飛躍・課題解決の糸口になり、あなたの痛みを和らげる一助になれたら、これ以上の喜びはない。

第5章

問われる社長の英断

真摯に幹部と向き合うべき時

ストーリーはいったん描かれると、いつまでも頭にこびりつく。こうなると社長は、とにかく行動が早い。A社・B社どちらの社長も、

「すぐにでも始めたい。ぜひとも、その先の実行支援をお願いしたい。どうすればよいか？」

という依頼をされてきた。

ところが、ここの段階でも問題が生じやすい。会社が未来へ向かって力強く動きだす時は、パラダイムがシフトする時。そのため、先にも言った旧来のメンタルモデル（過去から捉われた先入観のような概念）のままで居続けようとする幹部は、必然的に炙《あぶ》りだされるようになる。

つまり、変化に対しての恐れから組織で浮いた存在になりだすのだ。その幹部は、反対

をするか、足を引っ張るか、横やりを入れるような免疫・防御システムが作動し始める。

ここで「社長の英断」が問われる。遅かれ早かれ、方向性が違う幹部、変化を拒む幹部などは、いずれ居づらくなるか、別の道で活かすかのどちらかだ。人事に温情をほどこす社長は、ここで葛藤が起こるだろうが、自社を未来につづく会社にするために英断しなければならない。真摯に幹部と向き合わなければならないのだ。

このように言う理由は、幹部の件は、事業承継問題にも大きく関連してくるからだ。弊社のお客様には、理想の形で事業承継をしている会社がいくつもある。いざこざが起こることもなく、スムーズに次代に社長を引き継ぐのだが、それは、「健全とした幹部との関係を構築しているから」だという。一方で、承継問題が起こる会社は、既存幹部との関係が原因になることが多い。

そこには大切なポイントがあるのだが、A社、B社の結果を踏まえて解説しようと思う。はたしてA社、B社では、どのようなことが起きたのだろうか？

「論語会社A社の結果」意識するだけで、すぐにでも結果がでる数字

「繁忙期が落ち着くまで、もう少しお待ちいただきたい」

論語会社A社は、幹部の慎重な姿勢が理由で、構想した未来のビジネスモデルに向けて、動き始める話が一度は保留になった。すでに諸々動き始めたことがあり、幹部数名から反対の声があがったのだ。

しかし、その保留は、1カ月後には、ひっくり返った。A社社長は、1カ月ほど幹部の様子を見てから幹部との話し合いの場を設けた。

社長が「このままだと、せっかくのビジネスモデルの案も進まないし、何も変わらない」ということを直感したのだろう。社長が幹部を集めた会議の場に、外部のわたしどもを呼び、その場で幹部たちに問いかけたのだ。

「今やらないとダメだ。みなさん、やりましょう」

とその場で舵を切られた。

そして、このA社は、プロジェクト進行に舵を切った。幹部の間では、苦手であった数字についても徹底的に議論。新しい次世代リーダーとなる人材もプロジェクト中に抜擢され、社長の後継者もプロジェクトメンバーの一員に入り、業務に邁進《まいしん》している。新生A社として、さなぎから蝶へ脱皮し始めたのだ。

プロジェクト開始後、6カ月でお客様とお金、つまり、論語と算盤の両方にしっかり向き合うだけで、利益ベースで3000万円増が見込めている。理由はシンプルである。今まで数字と向き合わずに、不採算の店舗や取引先から目を背けて、そのままにしていた。これ自体は、論語と言えない。単に、算盤と向き合ってこなかっただけのことだ。

「算盤会社B社の結果」なぜKPIとKGIの管理だけでは突破できないのか？

「そうなんですか……そこまでひどいとは」

年商200億のB社社長から意外な言葉が出た。どうやら社長がセッションで気づいたことが、相当ショックが大きかったようだ。「幹部の劣悪な関係性」についてである。ＫＰＩの数字はすぐ幹部の口から出るものの、口だけで具体策が出てこないという実態は把握していた。しかし、幹部同士の関係が、これほどまでに劣悪だとは全く気づけていなかったというのだ。

新たに構想された「未来のビジネスモデル案」は、社長が自身の頭で今まで考えていた以上に目から鱗のものだったようで、社長の想い、さらには成長スピード、自社の企業文化にもすべて合致していた。そのため、社長は今すぐにでもプロジェクトを進めるように依頼されてこられて、担当者に指示を出した。指名された幹部は、社長指示を受けた後、弊社との窓口になったのだが……ここからは、これをお読みのあなたも想像がつくかもしれない。

その幹部は、社長のいない場で、わたしどもに感情を露《あらわ》にして、社長が進めようとするプロジェクトに抵抗の姿勢を示した。話を聴くと「今までの自分の努力が報われていない。大きな功績を残してきたが、社長から褒められない」という発言であった。これからプロジェクトを実行することによって、今まで自身が行ってきた努力が奪われるのでは？　という感情が湧いたかのようであった。実際には、プロジェクトを担当すればご自身の評価が上がるのだが、どうやらメンタルモデルが作動したようであった。わたしどもを取り込み、自分の言いなりにさせたいという様子も感じとれた。

もっとも、わたしどもは、信頼と尊敬に値する相手とのみ取引をするというルールを持っている。自分をリスペクトし、相手をリスペクトする互いにWIN-WINの関係をもたらすプロセスを経て、売りこまずに契約する設計になっている。そのため、このプロセスも「信頼と尊敬に値するかの確認」であるのだが、どうやらこの条件を満たしていないことが明白になってきた。

この方が悪いというわけではない。会社がこの幹部に培わせたメンタルモデルが働き、信頼と尊敬を持つ関係までには至らなかったというわけだ。社長からの直接指示の手前もあり、わたしどもを無下《むげ》に扱うわけにもいかないからだろう。終わりのない質問を何度も繰り返され、一向に前に進まない状態が続き、時間ばかりが、どんどんロスしていった。

結果、わたしどもは社内会議の末、このような状態のまま、B社への実行支援については時期尚早と判断した。B社社長には申し訳なかったが、断りの連絡を入れて、プロジェクトの実行支援については、機が熟してから実施するようにお伝えさせていただいた。今はそのタイミングではない。時間を使い、社長と幹部で向き合った上で、このプロジェクトは進み出すであろう。

念のため、ことわりを入れておくと、A・B両社の社長は、いずれも人間的に素晴らしい社長だ。会社をここまで牽引され、それぞれ80億円、200億円の年商をあげている。ただ、幹部の件は、また別の問題だ。せっかく社長の頭の中に未来にむけた構想があっても、幹部と社長、幹部と会社の関係がよくなければ、絶対にどんなプロジェクトも進まない。

実行決断し、プロジェクト設立・人選・具体的計画を進める

社長のモヤモヤやイライラについては、心中察する。しかし、厳しいことを言うようだが、役員を任命したのも社長である。この問題を打破し決断を下すのも、社長の仕事である。

特に、論語が落とし込めていない算盤会社においては、役員・幹部人事について、人間の利己的な感情が社内に渦巻くことは多々あろう。社長が論語を兼ね備えていても、幹部

自身にそれが備わっていないと、どの会社でも大抵、私心が優先され、既得権益の問題は起きる。考えただけでも気が重くなるだろう。しかし、それでも幹部と向き合い、毅然と大義を持って話すことは、未来につづく会社になるためには必要なことで、社長のやるべき仕事なのである。

例えば、ある役員や幹部を担当から外す際には、「今まで頑張ってくれたことに感謝している。ここからさらに、会社を成長させるためには、若い幹部に任せてみようと思う。あなたには別の役割を担っていただこうと思っているが、どうだろうか」と感謝を伝えながらも、次に進むために必要な判断であるということを理解してもらう努力をすることが肝要だ。

京セラグループ創設者の稲盛和夫氏は、次のように言っている。

〝経営者の日々の判断が企業の性格を決定していきますし、経営者の判断が社員の心の動きを方向づけ、社員の心の集合が会社の雰囲気、社風を決めていきます。このように過去の経営判断が積み重なって、現在の会社の状態ができあがっていくのです。そして、経営判断の最後のより所になるのは経営者自身の心であることは、経営者なら皆痛切に感じていることです〟

だからこそ、社長は「算盤」に加えて、「論語」を身にまとう必要があるのだ。こうしたプロジェクト設立・人選・具体的計画の適切な決断を下すことは、社長にしかできない役目なのである。

今ここで、あなたが取れる2つの選択肢

感度とアンテナの高い経営者は「現状のままでは、うちの会社もまずい。今すぐ動こう」と、今この瞬間にでも動かれるだろう。先の会社もそうだ。すでに問い合わせいただき、いずれも時代の変わり目と自社の現状を知り、変容の必要性を感知して、すぐに動く即断力の高い優れた経営者だ。

今ここで、これをお読みのあなたも取れる選択肢は2つだ。

1つは「今のままで変わらなくてもいい」という選択肢。会社の寿命は、今や10年といわれるまでになった。経営の神様、ピーター・F・ドラッカー氏も『プロフェッショナル

の条件』（ダイヤモンド社）の中で、次のように述べているぐらいだ。

「働く者、特に知識労働者の平均寿命と労働寿命が急速に伸びる一方において、雇用主たる組織の平均寿命が短くなった。今後、グローバル化と競争激化、急激なイノベーションと技術変化の波の中にあって、組織が繁栄を続けられる期間はさらに短くなっていく。これからは、ますます多くの人たち、特に知識労働者が、雇用主たる組織よりも長生きすることを覚悟しなければならない」

経営者の中には「この会社は、自分の代で終える」という選択肢を取る方もいるだろう。それも経営判断であり、選択である。

しかし、もしあなたが「リーダーとして、未来へつづく会社へと導きたい」と望まれるのであれば、わたしどもと想いは一緒である。

未来に輝かしい影響力を与えられる力をすでに持ち、地域や社会の難問を解決できるかもしれないあなたの会社が、努力の仕方を誤り、衰退していくのを見過ごすわけにはいかない。

繰り返しになるが、今、日本の中小企業は、とても大きな分岐点にいる。気づいていない会社もあるし、気づいていても、何をどうしていいのか分からずにいる会社もある。

わたしどもは、その具体的解決方法に気づいている。それなのに、発信することを怠ることで、可能性に満ちた会社がなくなり、慟哭《どうこく》の果てに後悔することほど悲しいことはない。だからこそ、忙しい日々の経済活動においても、すぐにでも始められる「人間学とマーケティング」を自社に落とし込みやすいようにした「未来につづく会社になるための7つのレッスン」について、本著を書き進めている。

2020年東京オリンピック開催後の2025年大阪万博開催も正式に決定した。平成の元号が終わると、あなたの想像以上に急速に大変化が起こり始めるだろう。少し予報するだけでも、海外からの人口流入、5G導入と映像技術、翻訳アプリの常時使用、自動運転の導入など目白押しだ。変化への対応は緊急を要し、今すぐ着手し始めなければならないだろう。

あなたがこの5章までお読みいただいた段階で、急を要する事態があるかもしれないので、問い合わせ先を記載しておく。（info@almacreations.jp）わたしどもも、それほどの危機感を感じて、今この書を書き進めているぐらいなのだから。

第6章

実践を通じて未来のリーダーを見極め、人と事業を育成する

ここからは、いよいよプロジェクト開始である。前章までで、すぐに実行可能でありながら、組織内でドミノ効果を生み出す「最重要施策」を明確にした。突破口を見出すことで、全部門が相乗的効果を最大限発揮させる最初の一手を導出されたわけだ。このプロジェクトを、社長が人選したメンバーで遂行していくのが本章以降でお伝えする内容である。

未来につづく会社になるためのレッスン6は、「実践を通じて未来のリーダーを見極め、人と事業を育成する」というテーマである。とても広範囲にわたる内容のため、6章では「人」にフォーカスを当て、7章では「事業」にフォーカスしたテーマに分けてお伝えしていく。

新たなプロジェクトリーダーの人選

いよいよプロジェクトが開始されるのだが、大抵はプロジェクトのスタート時、ないしは、スタートした直後に、社内の隠れた未来のリーダーが出現する。未来に向けたプロジェクトを進行するためには、必ず能力を有した人材が必要であるが、そういった観点で人選していくと、必ず社内に埋もれた未来のリーダーが人選されるのだ。人材は、今までいなかったわけではない。今までも社に存在していたのだが、旧来のパラダイムに馴染《なじ》まず、上がその人材を見出せなかっただけなのだ。こういう人材は、それ自体を冷ややかに捉えているため、旧来のパラダイム下では鳴りを潜めている。有能な人材は外とのつながりを持っていたりするのだ。

大切なのは、こういった未来のリーダーを見極め、プロジェクトに巻き込むことである。それがハマると、会社は驚くほど一気に変わる。この手の人材は有能なため、自分にその役がきた時を想定して、日頃から研鑽《けんさん》しているからである。

それには、既存の幹部・役員のマインドから変えなければならない。わたしどもが支援に入った会社に伴走していると良く分かるのだが、ごく稀に、こういう言葉が出る。

「今までコンサルタントの先生に依頼した時は、言われるとおりにしてきましたので……（自分たちで考えることは一切なしに）

何を、どうすればいいか、教えてもらえると助かります」

この言葉が出る社長や幹部は、危険と見ている。なぜなら、社長、幹部が考えることを放棄してしまった発言だからだ。

確かに、世の中には、さまざまなコンサルティング会社があり、その分、色々なコンサルタントがいる。各社各様であり「私たちの言ったとおりにやれば儲かりますよ」という指差し型の会社が多いのも分かる。そのため、教科書的な回答を欲しい、という気持ちも分からなくはない。そもそも受けてきた教育が、回答を求める教育を受けてきた世代であり、その影響があることも頷ける。

しかし、わたしどもは、
「(自分たちで考えることは一切なしで)本当に、それでいいんですか?」
と疑問を投げかける。わたしどもの考えを、すぐには示さないのだ。

AIやロボット化へ進んでいくことで、ホワイトカラーの仕事は、それらに取って代わられようとしている。それもそう遠くはない。それにもかかわらず「コンサルタントから言われたことを、やっておけばいい」というマインドで、はたして、その会社が未来に生き抜く力を得られるだろうか?

会社として大切なことは、「自分たちの力で」、未来に成長を遂げる力を養うことである。コンサルタントの力に頼り続けることではない。

よって、わたしどもは、〝誰が〟プロジェクトのリーダーとなり、〝誰が〟会社のリーダーになっていくか？　そして、そのリーダーがどう考え、手腕を振るうか？　を見極めながら、そのサポートをしていくのだ。

大切なことなので、もう一度、繰り返す。〝誰がリーダーになるのか？　そして、そのリーダーがどう考え、手腕を振るうか？〟のサポートをしていくこと。この誰がリーダーとなるかで、プロジェクトの結果もさることながら、会社の近未来が決まる。実行するのはコンサルタントではない。社長でもない。社内のメンバーだ。そこに所属する社員が主役なのである。そして、その社員の中心となるのが、未来のリーダーとなる人物だ。

よって、プロジェクトが動きだすタイミングにおいては、社長はその人物を見極め、抜擢する。どれだけ良質な経験をさせられるかで、3―5年先の会社の未来は大きく変わると言っても過言ではない。その経験自体は、リーダーにとっても大きな成長の糧《かて》となり、会社の資産となるからだ。

それゆえ、わたしどものコンサルティング事業の信条には、
「クライアントの社内に、新たな成長事業をつくれるリーダーをつくる」
というものがある。この信条をもとにクライアントに向き合う。コンサルタントに依存させるお客様にしてはならない。

「自分たちの頭で考え、自分たちの足で立てるように」
「自分たちの力で、新成長事業をつくりだしていけるように」
「社員の才能を存分に引き出して、活かせるように」

こういった信条をもって支援するのが我々の使命であると考えている。究極をいうと、わたしどもの支援事業は将来的になくなることが、理想の社会であるという考えである。

確かに、ビジネスモデルとしては、コンサルティング会社は、ずっと同じ会社から依頼され続けるサブスクリプションモデルの方が、収益的にも安定するだろう。

しかし、いつまでも頼らないと自分たちだけでは何もできないというのでは、その会社のためにも、会社に属する人のためにも、世のためにもならない。ここから先の時代に、

わたしどもを含めたコンサルタントに依存し続けることは、本当の意味で、その会社は豊かにはなれないと考えるからだ。

わたしどもがこのような結論に至った理由も、過去のお客様との経験から見出した答えである。社員が物心ともに豊かになること。くわえて、才能的にも豊かになること。そのための会社づくりを、リーダーが真剣に行わなければ、社員が会社に所属する価値を奪ってしまうことになりかねないからだ。

そのためには、社員一人ひとりが、独立自尊の精神で、知識を創造し、新しい価値を見出す力を養うことである。新しい価値とは、地域や社会の難問を解決することであり、そのリソース（資源）となること。つまり、社員一人ひとりの才能が、会社の価値となる社会の実現である。

あなたにも同じことがいえよう。道なき道を拓き、後進にその道をゆずる。捨て石になるぐらいの信念を持って、未来のリーダーに接すれば、必ず想いは通じる。

こうして、未来のリーダーを人選したら、何に気をつけていけばよいか？　その先に、重要な3つのポイントがあるので説明していこう。

プロジェクトの推進で押さえるべき6W3H

今や研修会社やコンサルティング会社は、大手ファームから個人事業者に至るまで世の中にはたくさんある。すでに依頼されている中小企業も多いだろう。確かに研修やコンサルティングを外部に依頼することで得られるメリットも多々ある。

しかし、研修講師やコンサルタントに依頼しても乗り越えられない壁はある。中小企業の社長が陥りがちな3つの勘違いというものがあるので触れておきたい。

1つ目の陥りがちな勘違いは、「会社というのはトップの器以上にはならない」という点だ。これは、稲盛氏からの引用だが、全従業員を1つにまとめるのは、最後は、経営者自身の意思である。だからこそ、経営者は自身の「考え方」を磨き続けなければならない。コンサルタントは、情報や分析結果を与えられても、リーダーを育ててあげることはない。

なぜなら、日々の商い、日々の決断、日々の出来事、日々の学びの中にこそ、リーダーの成長があるからだ。社長の側にコンサルタントを置き、社長の日々の商い、日々の決断、日々の出来事に助言を求めたとしても、最後は社長の決断で会社の未来は決まる。

２つ目の勘違いは、「社内標語・人事制度と、フィロソフィは全く別ものである」という点だ。クレドや行動指針は厳密にいうと、フィロソフィとは異なる。フィロソフィとは、「人として何が正しいか？」という考え方にまで踏み込んでいる哲学である。人として反論しようもない崇高な考え方、つまり、論語である。それを社の経営哲学として組み込んでいるのが稲盛氏である。

トップ自身の思考、言行が鏡となるため、掲げるからには経営トップ自身も身を以て示し、自らの心を高めつづける必要がある。単に社内標語を作り、社員にそれをさせようとするのではない。トップの人間性と心が、メンバーに反映されるのである。

３つ目は、「実行するのはコンサルタントではない。トップでもない。自社のメンバーである」という点。ここも勘違いしやすい点だ。コンサルタントが論理的に正しい解決策を提示したら、トップは自社でもできるという心境になる。

しかし、実行するのはメンバーである。メンバーはロボットではなく人であり、そこには、プラスもマイナスも感情がついて回る。「決めたから、はい、やりましょう」と、簡単に進むものではない。そのため、先にも述べたように、トップの考え方を幹部に浸透させ、さらには従業員の幸せを追求するというような根底となる理念が源泉になければ人は動かない。さらには、受けとめる側の従業員側にも、論語と算盤を血肉とするための努力が必要となるのだ。

よって、未来のリーダーは、自ら考え、自らチームを率いるという意思を持って、プロジェクトをマネジメントしなければならない。プロジェクトを進行する上で、極めて大切なスキルとして必要なのが、6W3Hという思考フレームである。実際には、この6W3Hができずにプロジェクトが進行しない会社が多いので触れておこう。

6W3H

・なぜ（Why）
仕事の目的、方針、理由など、「なぜ」行うのか把握する
・何を（What）
仕事の内容、関係先など、「何を」行うのか把握する
・誰が（Who）

担当者、対象者は「誰なのか」を把握する
・誰と・誰に（ｗｉｔｈ Ｗｈｏｍ）
「誰と」「誰に」行うのかを把握する
・いつ（Ｗｈｅｎ）
仕事の納期や締め切りなど、期限は「いつなのか」を把握する
・どこで（Ｗｈｅｒｅ）
仕事を行う場所は「どこなのか」を把握する
・どのように（Ｈｏｗ）
方法、手順を「どのように」進めるのかを把握する
・いくら（Ｈｏｗ ｍｕｃｈ）
経費、費用は「いくら」かかるのかを把握する
・どれだけ（Ｈｏｗ ｍａｎｙ）
数量は「どれだけか」を把握する

中小企業には、この６Ｗ３Ｈをしっかりと回せる人材が少ない。実際には、これを適切に回すことができるリーダーであれば、事業は確実に前進し、かつ、売上もついてくる。

ちなみに、７章で述べる新成長事業づくりの最後に、資金調達にも触れているが、その資

金調達を行う際にも、必ず見られるのがこの6W3Hだ。出資先に提示する「事業計画書」内で、6W3Hをしっかりと押さえてプロジェクトマネジメントすることは、プロジェクトを滞りなく進行させる効果があるだけでなく、結果として、資金調達においても必要なファクターにもなるのだ。ゆくゆくは貴重な経験となるので、ここで経験を積んでおきたい。

論語会社の陥りがちな課題とその突破口の事例

プロジェクトを推進する上で、論・算それぞれの会社で陥りがちな課題とその突破口があるので、その事例を取り上げてみよう。まずは論語会社から挙げてみる。

「未来につづく会社になるためのレッスン6」は、算盤にあたるテーマであるため、論語会社にとっては普段使わない頭を使い、とても苦労するフェーズである。

このフェーズの特徴は、プロジェクト・リーダーは一旦、現幹部がそのまま担当し、収益性が見直された計画が策定されるが、各プロジェクトが動きだすと、能力が伴わない現幹部、動きが止まってしまう現幹部もでてくる。そこで次世代リーダー候補が招聘《しょうへい》されるという話になっていくわけだが、諸々動きながら「えいや！」で突破していくのが現実だ。

3つの事例があるので参考にしてみてほしい。

(1) 古参幹部の能力を見極める

動きだすと能力が伴わない古参幹部が目立つようになる。人手不足・人的リソースも限られているので、対策は何パターンかある。古参幹部がまだ柔軟性に富んで、学習欲も高く、行動力のある方であれば、そのまま実行させて経験させるとよい。しかし、幹部が年齢的にも高齢で、スピードや判断、実行が遅く支障がある場合は、社長の決断の時だ。若手で伸び代がある人材を招聘して、抜擢する方が将来的にはいい。若手の人材に経験を積ませ、次世代のリーダーを支えさせることで、社としての次の時代のチームが結束され、資産になっていく。

(2) 問われる論語力

プロジェクトを実行していくと、能力、実行力、やり抜く力の差が目立つようになる。

口だけの幹部もいれば、きっちり仕事をして成果をあげる幹部とで分かれてくる。そして、このあたりで、幹部の間でさまざまな思いが交錯するようになる。

今までは、誰もが指摘することはなかった。しかし、いざ、プロジェクトが進むと、一人ひとりに、適切な負荷がかかるようになり、プロジェクトの進捗状況も可視化されるようになる。すると、

「他の幹部よりも遅れないように進めなきゃ……」

「今まで言うこと聞かなかった部下から協力を得ないと進展しない……」

「今まで気にしてこなかった数値がプレッシャーに感じる……」


というような気持ちが湧いてくるのが人間というものだ。足の引っ張り合いの予兆である。ここで問われるのは、論語力である。

ある会社では、プロジェクトの実行中に、こういった幹部の雰囲気を、社長が察知し、「今一度、足元を固めたいので、理念やフィロソフィを読み合わせしたい」という相談をされてきた。賢明な判断である。


結果として再び前進しだすのだが、その社長があらためて痛感させられたことは、論語を浸透させていたつもりが、実際のところは、幹部によってはフィロソフィ自体が備わっ

ていない幹部もいたということだ。「自分たちは、しっかりと社員教育ができているはずだ」と思っていたことが、実際には、疎かになっていたということもあるのだ。

（3）テクノロジーの導入と活用は、若手に振れ

ＩＴなどのテクノロジーについては、若手に担当させるのがよい。もしあなたの会社に適任者がいない場合にはコミュニケーションが苦手な若手にも振ってみよう。

わたしどものお客様でペンションを経営する会社の経営者の話だ。ネット集客がよく分からず、引きこもり気味だった高校生の息子さんを連れてデジタルマーケティングを学びにきたのだ。結果、その彼は、Ｕｂｅｒｓｕｇｇｅｓｔ、Ｇｏｏｇｌｅアナリティクス、Ｇｏｏｇｌｅ　Ｓｅａｒｃｈ　Ｃｏｎｓｏｌｅ、Ｇｏｏｇｌｅトレンド、Ｇｏｏｇｌｅマイビジネスなどのデジタルマーケティングツールを、いとも簡単に使いこなした。昨年同月対比３００％の集客を次々に突破。実は、その息子さんは高校３年生で受験期だったが、将来が見出せずにいた。ゲームは好きでネットに長けていたのだが、そこに、経営者である母親がマーケティングのお願いをしたところ見事にハマったのだ。

現在、その息子さんはマーケティング・オートメーションツールを教える認定まで取得。資金調達のためのクラウドファンディングの勉強会まで主宰するようになった。若者の才能を活かした事例だ。

算盤会社の陥りがちな課題とその突破口の事例

一方、算盤会社の突破口とその事例を挙げてみる。先述したとおり、算盤会社は早い段階で大きな問題が生じる。レッスン3~5の段階で、幹部の中には心理ブロックがはたらいたり、幹部同士の関係性がすでに修復不可のレベルまできている会社も事実あったりした。また、社長や会社そのものに対してのビジョンの不一致という幹部も存在していることが分かることもよくある。さらに、レッスン5の段階では、社長が幹部に指示しても、幹部が自身の私心や既得権益を守るために、防衛本能がはたらき進展しないということもよくある。このような状態を前に進めるには、もう「**社長の強い突破力**」で、大ナタを振るうしか方法はない。

過去、わたしどものお客様では支援にはいったことで業績が３倍にまで上がった会社があった。その会社ではレッスン３の幹部セッションで、あまりにも幹部同士が険悪な状態であったため、実行支援をお断りしようとした。しかし、社長が継続した支援を依頼されてこられた。

支援を進めた結果どうなったか？　というと、社長の足を引っ張ろうと画策していた財務役員と、その取り巻きの不正が暴かれた。当然、その財務役員と関係者は退職。そこから社の雰囲気が一気に良くなり、プロジェクトも順調に進み、戦略やビジョンが浸透。社内外の戦略と実行の一貫性が生まれ始め、結果、業績も株価も上がり、現在も右肩上がり中である。

通常であれば、不正が発覚した段階で組織の雰囲気は崩れそうだが、この社長は若手人材の登用を積極的に行う制度を確立していたため、わたしどもがセッションでお会いした若手の人材が次世代リーダーに抜擢され、業績は落ちるどころか、さらに上昇。今も中核メンバーとして会社を牽引している。より具体的な３つの事例があるので参考にしてみてほしい。

（1）バラバラ動く幹部たちはルールを決める

算盤会社における、レッスン6での特徴は、バラバラ動く幹部たちにある。社長が算盤人であると、次から次へと新しいことに気が向くため、新しいことを始めても、すぐに次のことに関心が向く。スタートしたものを育てるということには、あまり関心がない。そのため、担当となった幹部に論語が備わっていないと、社長の関心が薄れた途端に、その幹部自身の意欲も低下してしまう人もいる。

社長がバラバラと指示を出すために、個々人でそれを受けとめて、それなりに精一杯頑張るものの、幹部同士の連携、すなわち、事業部間シナジーは一向に生まれてこない。事業や部門一つひとつの一体感が見出せない。社長がそれを醸成してしまっているのである。

この状態では「事業部間連携が足りない！」と叫んだところで、自発的に連携するはずもない。このご時世、幹部がいちいち社長に確認したり、社員が上司に何でもかんでも判断を仰いだりというのは、貴重な時間資源のムダである。また、その確認を待つ時間、返信する時間が大きなロスだ。

こういった会社にお勧めなのは「シンプル・ルール」や「スクラム」といった方法論だ。

『SIMPLE RULES「仕事が速い人」はここまでシンプルに考える』（三笠書房）で紹介されているので、参考にしてみてほしい。会社として何を手に入れたいのか明確にし、手に入れたいものに対しての障壁を具体的に考えて取り除く、そのためのルールを作成し、より洗練していくものだ。アメリカ軍が戦時において、負傷兵の重症度別にタグの色を変えて、治療の優先順位を分かりやすくルール化したところ、死亡率が10％以下に減ったというものが有名な事例だ。

スクラムという方法論は、チームが自発的に組織だって行動することを可能にする、ソフトウェア開発における反復的で漸進《ぜんしん》的なアジャイルソフトウェア開発手法の1つである。『スクラム　仕事が4倍早くなる世界標準のチーム戦術』（早川書房）という書があるので、こちらも参考にしてみるといい。例えば、その中に、チームは1日1回の集合、デイリースタンドアップを15分行うという方法がある。どうすれば仕事のスピードアップを図れるかを考え、実行に移せるようになる。弊社でも導入しているが、時間を貴重に扱うビジネスパーソンにとって、効果は計り知れない。

（2）冷めた評価制度よりもルール決めと徹底

算盤社長は、人事評価制度に答えを見出そうとする。制度さえ整えば社員は辞めないと勘違いしてしまう。当然のことながら、完璧な制度などなく、ましてやこれだけの多様化の時代に、誰しもにとって万能な評価制度というものはない。

実は、それ以前にきちんとすべきは、作法・ルールを決めることである。仕事における問題の大半はコミュニケーションのズレである。そして、そのズレを引き起こしてしまっているのが算盤社長自らであったりする。

問題を引き起こしてしまう社長の行動の一例を挙げると、飛び越した指示、部下の仕事まで手を差し伸べる、既存ルールを守ることなく新しいルールの設定、数字と状態を明確に決めない目標設定、部署、担当を不明確なままにプロジェクトを進行させるなどだ。

このようなことが日常的にあると、働く人が集中できない要因が発生し、不満も溜まってしまう。これらはきちんとルール設定をするだけで、脇目もふらず結果に集中した状態に引き上げることが可能になる。結果、個人のパフォーマンスが上がることで全体のパフォーマンスが上がるのだ。つまり、上司と部下の適切なコミュニケーションのルールができていないまま、人事評価制度を設けようとしても、社員が付いていくはずがない。

（3）社長の変容と論語幹部の存在

中小企業は20年を超えると、高収益企業へ変わり始めるというデータがある。熟練するということもあるのだろうが、算盤社長の数々の失敗、反省により変容が起こり始めるということもあると思う。20年経った算盤社長に聞くと、心の中で「論語が必要だ」ということを認識し始めるのだ。しかし、今さら自分が論語を語るに相応《ふさわ》しいか？　という葛藤を持つというのだ。

実は、算盤会社の突破口のポイントは、ここにもある。社長が変容する覚悟を決めることだ。例えば、倒産危機に直面してはじめて、従業員と向き合うようになった社長のエピソードがあるが、これも、社長自らが変容した瞬間だ。自分に足りていない論語の素養を、幹部とともに培っていくという変容の仕方もある。

人は両方を一気に兼ね備えることは難しい。それであるならば、論語を備えた部下の意見に耳を傾ける器量と覚悟を決めるのも手である。

「自分は算盤に寄りがちだから、側には論語人を置いておこう」

こう決めた時から算盤会社は突破口を見出せたりする。例えば、所感ではあるが、１９８１年に創業した孫正義氏が、ソフトバンクの株式公開を野村証券に依頼したことが縁でソフトバンク株式会社常務取締役にスカウトしたのが北尾吉孝氏（現ＳＢＩホールディングス代表取締役社長）。創業してから14年後の１９９５年であったという。幼少期から『論語』をはじめとした中国古典に親しみ、貪るように多くの文献に目を通し、以後の人生観に大きく影響したという北尾氏が孫氏に与えた影響も少なからずあったのではなかろうか。

渋沢栄一氏は『論語と算盤』の中で、悪い幹部の３タイプについて触れている。１つは、名ばかり重役、２つ目は、いい人だが事業手腕がまるでない人、３つ目は、「会社を利用して自分が有名になる踏み台にしよう」「私腹を肥やすために法人を利用してやろう」というタイプであるという。特に３つ目のタイプが厄介で、世にいうところの粉飾決算、資金流用などを犯す幹部だ。そういった者を、絶対に人選してはならない。

以上のように、論語会社、算盤会社には、それぞれでプロジェクトを進行する上で起きやすい事象・傾向と注意点がある。論語会社、算盤会社ごとで表にまとめたので参考にしてほしい。（＊９）

「論語会社」の傾向と注意点

NO	対象	テーマ	論語/算盤	起きやすい事象・傾向と注意点
1	社長	社会の変化と、自社の現状を受け入れ、冒険にでる	算盤	低収益、採用苦戦、デジタル化の危機感と対応の遅れ
2	社長	トップが真の価値と課題を発見し、決意する	論語	ここまで歩んできた自身の価値を見つめ直し、再確認
3	幹部	幹部が自身と向き合い、社長・幹部同士でコネクトする	論語	従業員の幸せを真に追求したまま、数字の必要性を共有
4	社長 幹部	未来のビジネスモデルを構想する	算盤	未来に成長する一貫性ある会社に向けて動きだす
5	社長	実行決断し、プロジェクト設立･人選･具体的計画を進める	算盤	プロジェクトリーダーは現幹部が担当するも収益性を直視できない
6	社長 幹部	実践を通じて、未来のリーダーを見極め、 人と事業を育成する	論語と算盤	プロジェクトが動きだすも、能力が伴わない現幹部が硬直する 次リーダー候補が招聘、動きながら突破していき世代交代へ
7	社員	全従業員とコネクトする	論語と算盤	従業員が意見を言い、才能を存分に発揮、若手が意欲的に

「算盤会社」の傾向と注意点

NO	対象	テーマ	論語/算盤	起きやすい事象・傾向と注意点
1	社長	社会の変化と、自社の現状を受け入れ、冒険にでる	算盤	好調時は良いが鈍化の予兆がでた時に動くも退職者増加
2	社長	トップが真の価値と課題を発見し、決意する	論語	大目標を掲げるも、自身の内面と外面がつながっていない
3	幹部	幹部が自身と向き合い、社長・幹部同士でコネクトする	論語	幹部間の溝が露呈、部下の幸せにまで考えが及ばない
4	社長 幹部	未来のビジネスモデルを構想する	算盤	未来のビジネスモデル案は見出し、社長は推進し始める
5	社長	実行決断し、プロジェクト設立･人選･具体的計画を進める	算盤	幹部は指示されるも防衛本能がはたらき進めない
6	社長 幹部	実践を通じて、未来のリーダーを見極め、 人と事業を育成する	論語と算盤	社長がバラバラと指示を出し、部門ごとでバラバラに動く 幹部は孤立し、社長の関心が薄れた途端、意欲も低下
7	社員	全従業員とコネクトする	論語と算盤	社長が幹部を飛び越えて対応すると社員に伝わらない 社長が本気でやるほど社員と距離がでる

（＊9 論語会社、算盤会社、それぞれでプロジェクトを進行する上で起きやすい事象・傾向と注意点）

1つ言えることは、未来に向かって変容を遂げようとするときは、痛みを伴うということ。変容とは、さなぎから蝶になるようなものである。リーダーは必要なプロセスであることを受けとめ、やり抜くことだ。

その際には、「小善は大悪に似たり、大善は非情に似たり」を心に留めておくといい。部下に対する表面的なやさしさは相手を不幸にする。いくらキレイな言葉を使っても、だ。逆に信念を持って厳しく指導する上司は、けむたいかもしれないが、長い目でみた時には、部下を大きく成長させる。真の愛情とは、どうあることが相手にとって本当に良いのかを厳しく見極めることである。これも、稲盛氏の言葉だ。

会社をよくするため、世のため、人のために、お役に立つためには、自らの軸となる哲学「論語」をもって、事に当たる他にない。すなわち、リーダーは算盤を落とし込むフェーズにおいても、論語は不可欠なのである。

論語と算盤を会社にインストールさせる仕組み

序章で、中小企業は人間学とマーケティングの2つを兼ね備えることができるのだろうか？　という問いを解き明かす鍵をお渡しするのが本書であるということをお伝えした。

ここで現代における「論語と算盤」を兼ね備えた代表的な会社を掘り下げてみることで**「論語と算盤を会社に落とし込む**（＝インストールさせる）**仕組み」**について触れていく。

そのためには、渋沢栄一氏が『論語』から学んだように、模範となる人物を研究すると良い。現代における「論語と算盤」を兼ね揃えた代表的な経営者は誰か？　思うに、先ほどから何度も触れている京セラグループ創設者、稲盛和夫氏であると言えるだろう。

なぜ、稲盛氏なのか？

この点は、稲盛氏をよくご存じの方は、解説するまでもないだろう。しかし、ここでは丁寧に読み進めていただくために、稲盛氏がなぜ「論語と算盤」を兼ね揃えた代表的な経営者といえるか？　という理由を京セラとＪＡＬの2社の例から解説をし、その後に「論語と算盤を会社にインストールさせる仕組み」について触れていく。

ここまで述べてきたように、わたしどもの意見は、

「論語と算盤を会社にインストールさせるには、正しい手順や方法を踏めば、実現は可能」

というものである。コピーライティングの文章作成テクニックでも、何を、どの順番で伝えていくかが大事だが、それと同様。論語と算盤を会社にインストールさせるにも、誰に、何を、どの順番で、どのように落とし込むかが肝要と考える。

このような考えに至った背景には、実際に、わたしどもが行ってきた支援が、まさにその手順・方法で設計しているからであるのだが、「ＪＡＬの再興プロセス」を通して解説すると、実に、伝わりやすく整理・体系立てて解説できる。

そのため、今までのレッスンと合わせ、本項を読み終えた時には、論語と算盤を会社にインストールさせる全体像をお掴みいただくことができるだろう。

それでは、一つひとつ順序立ててお伝えしていこうと思う。まずは、なぜ「論語と算盤」を兼ね備えた現代の代表的な経営者が稲盛氏であるか？　についてだ。ポイントは3つある。

稲盛和夫氏こそ、現代の論・算兼ね備えた経営者と言える理由

まず1点目は、圧倒的な結果だ。稲盛氏が代表を務める京セラグループは、２０１８年３月期において、売上高（連結）で１兆５７７０億３９００万円、グループ会社数は２６５社（京セラ（株）含む。２０１８年３月31日現在）、グループ従業員数は７万５９４０名、

KDDI株式会社は、売上高5兆419億7800万円、営業利益9627億9300万円、社員数は38826人という世界的な会社である（京セラ、KDDIホームページより）。ここ3カ年の業績も順調であり、その経営力がうかがえる。2兆3200億円の負債を抱え破綻したJALを、営業利益ベースで1年目に1800億、2年目には2000億円にまで再生したことは記憶に新しい。

2点目と3点目の理由に挙がるのが、JALを再興した際にも根底にされたという「フィロソフィ」と「アメーバ経営」の2つである。その2つだけで再建したということで、世の大手コンサルティングファームは、いたく驚愕したという。

このフィロソフィが論語であり、アメーバ経営が算盤にあたる。わたしのような若輩者が申し上げるのも、いささか恐縮ではあるが、正直申し上げると、稲盛氏が掲げるこの2つを血肉として自分のものにし、それを組織に徹底すれば、日本の中小企業はたちまち飛躍の途を遂げる会社が多いと思う。

この2つについて説明する。

まずフィロソフィとは何か？ 書籍『京セラフィロソフィ』（サンマーク出版）でも詳細

が書かれているが、稲盛和夫オフィシャルサイトから抜粋・要約させていただくと、〝フィロソフィは「人間として何が正しいのか」「人間は何のために生きるのか」という根本的な問いに真正面から向かい合い、さまざまな困難を乗り越える中で生み出された仕事や人生の指針であり、京セラを今日まで発展させた経営哲学のこと。京セラを経営していく中で、さまざまな困難に遭遇し苦しみながらもこれらを乗り越えてきたその時々に、仕事について、また人生について自問自答する中から生まれてきたのが京セラフィロソフィである〟。

このフィロソフィは、実践を通して得た人生哲学であり、その基本は「人間として、こういう生きざまが正しいと思う」ということ。このような生き方で人生を送っていけば、一人ひとりの人生も豊かになり、会社全体も繁栄するということを稲盛氏は訴え続けてきた。これは、まさに「論語」にあたる。

もう1つが「アメーバ経営」。こちらについても、経営者であればよく知られたところであろう。こちらも書籍『アメーバ経営　一人ひとりの社員が主役』（日本経済新聞社）で詳細が書かれており、次に抜粋・要約させていただく。

〝稲盛氏が京セラを経営する中で、京セラの経営理念を実現するためにつくり出した独自の経営管理手法のこと。アメーバ経営では、組織をアメーバと呼ぶ小集団に分ける。各アメーバのリーダーは、それぞれが中心となって自らのアメーバの計画を立て、メンバー全員が知恵を絞り、努力することで、アメーバの目標を達成していく。そうすることで、現場の社員一人ひとりが主役となり、自主的に経営に参加する「全員参加経営」を実現していく。アメーバ経営は、京セラをはじめ、稲盛氏が創業したＫＤＤＩや再建に携わった日本航空など約７００社に導入されている。

その目的は、１、部門別採算制度、２、人材の育成、３、全員参加経営の３つであり、全従業員の採算意識を高めるための「時間あたり採算表」「京セラ会計原則」「現場が活用できる管理会計手法」といった管理手法で現在の数字を正しく、リアルタイムで把握できるようにしている〟こちらは「算盤」と言えるだろう。

このような3点から、論語と算盤の両方を生涯かけて探求し、それを見事に会社経営に落とし込まれた代表的な経営者として稲盛氏を挙げたことについては、どなたも反論の余地はないだろう。

ＪＡＬ再興プロセスを、自分の会社に取り込めない5つの障壁

この2つを組織に落とし込んだ事例として、象徴的な書籍が出版された。ＪＡＬの再生プロセスが描かれたノンフィクション書である『ＪＡＬの奇跡』（致知出版社）だ。

そこには、2兆3200億円の負債から、営業利益が1年目1800億円、2年目2000億円となり、再上場したＪＡＬ復活プロセスが鮮明に描かれている。フィロソフィとアメーバ経営の2つだけで、ＪＡＬを復活させたと言われているが、ことはそう単純ではなかった実態が赤裸々に書かれている。「稲盛和夫から最も信頼される男」とまで称されるほど稲盛氏のサポート役を務め、ＪＡＬ再興の実行現場でも指揮を執り、この書籍を世に残されたＪＡＬの大田嘉仁《よしひと》氏を尊敬してやまない。

こちらの書籍を「論語と算盤」という観点で捉え、かつ、そのプロセスをコンサルタントとしての視点で、図（＊11）にまとめてみた。

あくまでＪＡＬの例ではあるが、論語と算盤を、実に着実に組織に落とし込まれたことが、こうして図にしてみるとよく分かる。

【参考】『JALの奇跡』（致知出版社）

JAL復活プロセス　負債２兆３２００億円　→　営業利益１年目１８００億円、２年目２０００億円

手順	項目	論語／算盤	概要
1	倒産という現実	算盤	痛み、自社の現状を受け入れる
	稲盛会長就任（外圧的内圧）、理念を掲げる	論語	「従業員の物心ともに幸せを追求」を明言
	意識改革推進プロジェクト本部立ち上げ	論語	腹心、太田氏による「論語改革」
	プロジェクト計画書・具体的計画	算盤	意識改革浸透の計画書
2	幹部・リーダー教育		リーダーから変える。社長・幹部の意識改革
	幹部52名 → 次リーダー3000名にも展開		稲盛会長の生講義＆VTR講義
	「経営１２か条」	論語と算盤	リーダーとしての「論語と算盤」の極意
	「7つの会計原則」	算盤	算盤の極意
	「6つの精進」	論語	論語の極意（生き方、働き方）とは？
3	フィロソフィの策定	論語	全社員の意識を高め、一体感醸成
	フィロソフィの全社員への浸透（部門ごと）	論語	論語に基づき、算盤の考え方も「浸透」
	アメーバ経営の浸透	算盤	フィロソフィと正しい数字で全員参加経営

＊11『ＪＡＬの奇跡』（致知出版社）を、著者視点でプロセス表示

その全体プロセスをざっと解説してみよう。

まず、手順1のスタートの皮切りが、倒産という現実。この堪え難い痛みに直面するところからスタートする。そこで、ＪＡＬの場合は、外から経営トップに稲盛氏自身が招聘され、会長職に就かれた。

その次に、改革に向けて着手されていくわけだが、対象者は、①トップ→②幹部→③全社員という手順である。当然といえば当然だが、しかし、このプロセスを辿らないコンサルティングのアプローチも世にあるので、ここでは、この対象者の手順についても強調しておく。

次は、概要面。まずトップによる理念を再掲示。稲盛氏の場合、その内容は、京セラでもよく知られたところでもある「従業員の物心ともに幸せを追求する」

というものだ。稲盛氏の根底にある考え方を全体に明言された。

同時に、実務責任者の大田氏によるプロジェクト組織の設立、メンバーの人選、計画書の作成である。

ここまでは、倒産という衝撃的な出来事が引き金となり、会社は重い腰をあげて動き出し、外からの知見を取り入れ、組織を編成、理念の再掲示といった、いずれも算盤というよりは論語的なアプローチである。

手順2は、社長を含めたリーダー層に対しての教育だ。

大田氏はJALを再興させるためには、次の3つをJALのリーダー層に教育することの必要性を感じ、内容に取り入れたという。「経営12か条」「7つの会計原則」「6つの精進」である。

それを伝え学び取らせる方法として、稲盛会長による生講義とVTR講義を織り交ぜたという。相当な時間と労力をかけられたことだろう。ここで、論語と算盤をバランスよくリーダーに教育し、組み込まれているのが分かる。

そして、最後の手順3が、全社員への落とし込みだ。

これも順番があるのが分かる。論語→算盤という手順で、しっかりと見識を深めてから全員参加経営の実践へと移行させている。全社員が、右手に論語、左手に算盤といった両手利きになっていくプロセスがよく分かる。

「そうか！これを、そっくりそのままの手順で、自分たちの会社に落とし込めば、いいじゃないか！」

という気持ちを抱かれるかもしれない。もちろん、そう思うのだが、これが簡単にできたら苦労はしない。人間の性ともいうべき壁が生じてしまうために、ことはそう簡単に進まないのだ。

今からシュミレーションしてみるので、これをお読みのあなたも、自分ごととして、自社に置き換えて考えながら読み進めてほしい。

（ステップ1で生じる障壁）倒産という現実

まず、ＪＡＬの場合でいうところの、倒産という現実。人は残念ながら痛みを体験しないと動かないという現実がある。しかし、倒産は中小企業の経営者にとって、当然であるが受け入れることはできない。国が手を差し伸べてくれるわけでもない。買収してくれる会社を探すというのも本意とは異なる。倒産と言わずとも、なるべく早い段階で危機を察知して、手遅れになる前に動きたいところだ（いや、動かなければならない）。

（ステップ2で生じる障壁）経営トップの交代

次に稲盛氏のような経営トップが、外から就任するという点。これは外からの圧力（ここでは、外圧と呼ぶ）が加わり、ＪＡＬの場合は、稲盛氏が内の一員となり、内から変えている。つまり、強力なリーダーがトップに就任・変更されたわけだが、これも中小企業においては、そういうわけにはいかない。特に、中小企業においては、オーナー系の会社が多いため、現トップである社長自身がよっぽどのことでないと社長職を外の人材に任せるということはない。外圧の候補としては、Ｍ＆Ａの買収を提案してくる企業か、はたまた、競合他社へ吸収合併という話になってしまうわけだ。あるとすれば、社内人材の登用やヘッドハンティングした人材でつなぎ、次世代の子へ事業承継・バトンタッチをすることだろう。

わたしどものようなコンサルタントが、時に、この外圧的内圧のような存在になることを辞さないという覚悟で支援にあたることもあるが、中に入ってトップに立ち、経営の舵をとるということはない。

（ステップ3で生じる障壁）全社員の幸福を追求

そして、そのトップが新たな理念を掲げるという点。JALの場合、旧JALグループ企業理念は、次の内容であった。

> JALグループは、総合力ある航空輸送グループとして、お客さま、文化、そしてこころを結び、日本と世界の平和と繁栄に貢献します。（1）安全・品質を徹底して追求します（2）お客さまの視点から発想し、行動します（3）企業価値の最大化を図ります（4）企業市民の責務を果たします（5）努力と挑戦を大切にします

これが、次のように変わった。

ＪＡＬグループは、全社員の物心両面の幸福を追求し、
一、お客さまに最高のサービスを提供します。
一、企業価値を高め、社会の進歩発展に貢献します。

一体、前者の理念の何が悪かったのか？　と思われるだろう。倒産前の言葉を見ても、立派な理念である。ただし、決定的な違いがある。それは、「経営の目的は全社員の物心両面の幸福を追求することである」という点だ。稲盛氏は会長着任後からよくこのことについて発言した。それを受けて幹部からは「組合迎合になるからすぐに撤回してほしい」と反発されていたという。

中小企業の経営者は、純粋な方が多い。私腹を肥やすというわけでなく、純粋に収入を増やしたいと健全に思う経営者である。「経営の目的は全社員の物心両面の幸福を追求をすることである」と思うとしても、何人もの部下に裏切られたり、とても大切にしているつもりが結局辞められたり、自分を犠牲にしてきている経営者も多い。この考えを心から体現、知行合一できるまで昇華させるのはとても難しい。

（ステップ4で生じる障壁）実行責任者の存在

次は、意識改革推進プロジェクト本部の設立とそのリーダー任命という点。ＪＡＬの場合は、稲盛氏の薫陶を受け、最も信頼のおける人物と称される大田嘉仁氏が京セラから一緒にきた。

つまり、トップとは別の信頼の置ける「実行責任者」がいたわけだ。ＪＡＬ再興の裏側には、稲盛会長というトップの傍らで、その思いを受けて実行に落とす大田氏という責任者の存在があって、プロジェクトメンバーを率い、プロジェクト遂行に向けて「やり抜いた」のだ。

この点について、あなたの会社ではどうだろうか？　トップは言葉で言うことはできるが、その苦難の道を誰が引き受けて、覚悟を決めて実行するのか？　社長とは別に、全幅の信頼の置ける「実行責任者」が、あなたの会社にはいるか？

実は、この点についても、中小企業にとっては容易なことではない。任命できる人がいないのだ。この問題は、経営においても後々に大きな問題としてついてまわる。

（ステップ5で生じる障壁）社員教育の覚悟と環境の用意

最後に、幹部・リーダー、そして全社員にまで向けた教育。フィロソフィ、アメーバ経営の浸透、具体的な落とし込みという点だ。ＪＡＬの場合は、稲盛氏が直接講義をすることと、録画教材での講義をハイブリッドで実施したという。しかも、一部の講師を同グループ会社の方にご依頼した程度で、外部の力をほとんど借りず、コンサルタントにも一切依頼しなかった。

これだけとっても難易度は高い。自社のトップ自らが、研修や教育を施すほど、中小企業にはコンテンツ自体もなければ、時間もない。全員が揃う時間を捻出《ねんしゅつ》することさえも、容易ではない。

このように、論語と算盤を組織に落とし込む手順・方法・レッスンどれをとってもいかに困難な道のりかが分かるだろう。だからこそ、ＪＡＬ再生を成し遂げた稲盛氏と大田氏の功績は素晴らしいのだ。あっさり簡単にできるものでもない。ＪＡＬの奇跡をご覧いただければ、その過程や苦労が伝わるはずだ。

今の時代、日本の中小企業にとっては、集合型研修などで成果をあげられるほど問題はシンプルではない。事業の問題から人の問題まで複雑に絡み合っているため、それらを同時に解きほぐして進行していかなければならないのだ。

では、中小企業は一体どうしたらいいのか？

JALの奇跡とそっくりそのまま、というわけにはいかない。稲盛氏のような経営者が出てくるのを待つばかりでいるわけにもいかない。航空会社のようにビジネスモデルがすでにあるわけでもない。ましてや、みなが皆、稲盛氏になれるわけでもない。

しかし、お気づきだろうか？

本書で辿っているプロセスは、対象が中小企業であっても、JALの再興プロセスを辿りながら5つの障壁を埋められるように、適切な手順・方法・ツールによって、論語と算盤を会社にインストールさせる仕組みになっている。

JAL再興プロセスを中小企業に取り込めない5つの障壁と

本書の7つのレッスン対応箇所

1、倒産という現実 ↓1章 変化と自社の現状を知る
2、経営トップの交代 ↓2章 経営トップの変容
3、全社員の幸福を追求 ↓5章 社長の英断
4、実行責任者の存在 ↓6章 実践とリーダーの見極め
5、社員教育の覚悟と環境用意 ↓8章 社員と「コネクト」する組織学修

5つの壁それぞれで乗り越え解決する鍵が記されているので、気になる際には、何度も該当する章を読み直していただくとよいだろう。

以上、本章ではレッスン6「実践を通じて未来のリーダーを見極め、人と事業を育成する」のうち、未来のリーダーを見極め、人を育成するという「人」にフォーカスした。次章では、事業に焦点を当てていく。

本章まとめ

プロジェクトリーダーの人選と2つのシステムづくり

プロジェクトを推進する未来のリーダーを見極めて、抜擢する必要がある。

会社が未来につづくためには、

①未来のリーダー人選と育成

②会社特有のメンタルモデルを乗り越える経験

③「新成長事業をつくりつづけるシステム」と「新成長事業をつくる人材をつくるシステム」

2つのシステムを社内に埋め込むことでもある。

第7章

新成長事業をつくる

さあ、4章で述べた3つの「つながり」を経て、未来のビジネスモデル案ができ、5章の決断を経て、6章で「人」にフォーカスを当てたが、次はいよいよ「事業」にフォーカスする。

やることは、何か？

ズバリ、新成長事業づくりだ。

新成長事業づくりというのは、何も「新規事業をつくる」という意味ではない。今ある成熟事業を、未来に似合うように生まれ変わらせるという意味も含まれる。

本章では未来につづく会社になるためのレッスン6「実践を通じて未来のリーダーを見極め、人と事業を育成する」のうち、「事業」について触れていく。ここでの対象は、実践・実行をする幹部であり、その内容は算盤となる。

そのため、あらかじめお伝えしておくと、論語会社・論語人にとっては、ついていくのに必死の内容になるだろう。それも承知の上で、さまざまな算盤（マーケティング）についての内容を盛り込んでいく。

なぜなら、ここに記載する内容は、ある意味、今の時代に、最低限、知っておかなければならない必須の内容であるからだ。時代から振り落とされないためにも、必死についてきてほしい。

なお、本章の「新成長事業づくりの7ステップ」だけを抽出し、1冊の冊子にまとめた原稿がある。その内容は、400社もの経営者が所属するアルマ・クリエイション株式会社の経営者コミュニティ「次世代マーケティング実践会（通称：The 実践会）」の非売品専門誌『マーケティング・アクション・ジャーナル』の内容を編集したものだ。神田から実践会の会員に向けたもので、コミュニティに所属している経営者たちは、すでに実践している。

こちらは、完全に算盤手法の書。デジタル用語も多く、膨大な量となるため、【巻末特別付録】にさせていただくことにした。

本章と同内容に触れている箇所はあるが、もし、一連の手法を知りたい方は、巻末ダウンロードの付録と合わせてお読みいただくことをオススメする。2017年段階の考え方を伝えているため、2017年当初のITツール技術も出てくるが、その点については、ご了承いただきたい。なお、本書ではダウンロード資料で触れていない内容を取り上げていく。

あなたの会社に、未来に成長する収益の柱はあるか？

未来へつづく会社になるためには、5～10年先の未来に、収益の柱となる新成長事業を持つ必要がある。そこで、1つ質問をする。

「あなたの会社では、未来に収益の柱となる新成長事業づくりを実践しているだろうか？」

ここに、興味深いデータがある。中小企業庁が行なった「中小企業の成長に向けた事業戦略等に関する調査」（2016年11月、委託（株）野村総合研究所）だ。その中に、「新事業展開への取組実態」という調査結果がある。一部抜粋すると、

・新事業展開に成功した企業で経常利益率が増加傾向にあると回答した企業は51・4％。

他方で、新事業展開に成功していない企業では30・2%にとどまり、**新事業展開に成功した企業ほど、経常利益率も増加傾向にある。**

・新事業展開に成功している企業では、「新しい柱となる事業の創出」が67・9%、「顧客・取引先の要請やニーズへの対応」が64・9%で、成功していない企業よりも回答割合が高くなっている。他方で、成功していない企業に着目すると、「他社との競争激化」が48・1%、「既存市場の縮小・既存事業の業績不振」が46・2%で、成功した企業よりも回答割合が高くなっている。

・**新事業展開に成功した企業は、「売上高の増加」や「利益の増加」**といった業績面での効果に加えて、**「従業員の意欲向上」「企業の知名度向上」**といった点にも効果を感じている。

・新事業展開に成功した企業と成功していない企業を比較すると、**成功した企業の方が、若い経営者の比率が高い傾向にある。**

そして、決定的なのは、

・新事業展開を実施していない企業が抱える課題を確認すると、最も回答が多い課題は、「必要な技術・ノウハウを持つ**人材が不足している**」であり、回答割合は43・8％。次いで、「販路開拓が難しい」が31・2％、「新事業展開に必要なコストの負担が大きい」が30・7％

まとめると、新成長事業づくりを行うことはメリットしかない。また、新事業展開を実施していない企業が抱える課題は「人がいない、お金がない、アイデアがない」という3つの「ない」という調査結果なのだ。

この件について、わたしどもの意見は異なる。デジタル・マーケティングツール革新のおかげで、昔ほど新規事業をつくることは難しくはなくなった。「**人がいない、お金がない、アイデアがない」という問題はクリアできる。**

この結論に至った理由には、わたしどもはこの2年で、合計15社の会社とともに、新成長事業づくりを経験し、確信したからだ。

「新成長《スター》事業共創グループ・コンサルティング」というグループセッションとオンライン

でサポートするサービスなのだが、参加企業は、地域の葬祭会社、太陽光発電会社、工業機器メーカー、健康食品通販、ヴォーカルスクール、地域の飲食店会社、カメラスタジオ会社、大手通販会社、一部上場企業の一部門、工務店、保険代理店、コンクリート会社、エンジニアの派遣会社、エリアマーケティング会社など、全く異なるさまざまな業種、業態の会社が参加されたが、どの会社でも新成長事業を見出すことが可能であった。

それでは、中小企業の「新成長事業づくり」については、経験を通じて得た3つの重要なポイントと、最後にそれを踏まえた重大な「真実」があるので、それぞれ説明していこう。まずは、1、方法と手順について、2、デジタル・マーケティングツールの活用、3、資金調達の3点である。

「新成長事業づくり」の方法と手順・考え方

ポイントの1点目は、「新成長事業づくり」の方法と手順・考え方についてである。まず、「新成長事業づくりの7ステップ」（＊12）があるので、そちらについて説明していこ

新成長事業づくりの７ステップ

① 探索 **未来から応援される、自らの価値を探索する** ２章、３章参照　　フューチャーマッピング
② 構想 **価値を届けるビジネスモデルを構想する** ４章参照　ビジネスモデル・キャンバス
③ 試作 **顧客に呼びかける提案を試作する** PASONAの法則、エンパシーライティング、LP制作ASP
④ 要望 **顧客ヒアリングを行い、真のニーズとウォンツを把握する** ニーズ・ウォンツ分析、価格アンケート
⑤ 改善 **反響を高める提案へと、改善する** Facebook広告などの A/Bテスト
⑥ 統合 **中長期ビジョンとの、一貫性を整える** NPS、CES、マーケティングピラミッド
⑦ 実現 **未来から応援される、自分の価値を実現する** **クラウドファンディング**

＊12：最速で新成長事業を創る７ステップ

う。

　この表の①、②については、すでに、2・3章、4章で述べたとおりである。ここでは、③以降を解説していく。②までで、自らの独自の才能や自社のユニークな価値を表現するコンセプトがイメージされた。それを、ビジネスモデルに落とし込み、事業化すれば誰にも真似できないオリジナルな事業構想が、比較的、簡単にできあがる。さらにそれを突き詰め、提案をシンプルにしていき、優良な新成長事業へと成長させていくのが、③以降である。

③ 試作：顧客に呼びかける提案を試作する

実際に、商品やサービスを、小さな範囲でテスト的に市場に出してみようというのが、ステップ③の「試作」だ。

その際に重要なのは、顧客に提示する商品説明、ランディングページ（LP）づくりである。取り扱う商品・サービスによっては、チラシづくり、Hpサイト制作の方が適した会社もあるだろう。しかし、WEBでセールスするのに、最もお客様に近いのがランディングページであるというぐらい、スケール（拡販）する後々のことを考えると、ランディングページを作成しておくのがよいだろう。

ランディングページとは、1つの商品やサービスを売るための、1枚のWEBページのこと。『成約のコード：デジタルツールと営業現場を連動する最強ノウハウ』（実業之日本社）では、「10～15個のランディングページを持っている会社は、10個以下のランディングページを持っている会社より、成約数が55％増え、さらに、40ものランディングページを持っている会社は、５００％つまり5倍に増える」という調査結果まで明らかになった。

実は、そのランディングページに、２０１６年頃から、業界内で変化が起こり始めた。安価に、誰でも作れるようになったのだ。以前は作成するのに、お金がかかった。友達価格でも30万円～、高いところでは３００万円、納期はどんなに早くても1～3カ月。それが、２０１７年には価格競争が始まり二極化。クラウド上のランディングページ制作ASPが登場。ＷＩＸ、ペライチなどのサービスが広まり、ほぼ無料で使えるものが台頭し始めた。

これにより、ランディングページは誰でも作れるようになってきたわけだが、その前に、新たに生み出したビジネスのコンセプトが、本当に受け入れられるかどうか？　という問題がある。一生懸命ページを作りこんだけれど、顧客に評価されない場合も、もちろんある。

そこで、ランディングページづくりの労力が無駄にならないよう、事前に、既存顧客に、

「こういう商品開発をしようと思うのですが、
いくつかのコンセプトのうち、どれがいいですか?」
とアンケートを取る。そうしてあたりをつけていくのだが、まあ、しかし、実際のところは、ランディングページを見てもらわないと、正確な結果は得られないというのが真実だ。そこで、商品を正式に販売する前に、ランディングページから先に作ってみるのだ。

ここで、中小企業は壁にぶつかる。仮に、理屈では、ページの作り方が分かっても、「文章をどう書けばいいか」という問題に行き当たる。製作会社に依頼をしようにも、製作会社側も、まだ生まれていない商品・サービスについて、顧客の感情の琴線に触れるまでの文章を書くことはできない。

そこで、解決するスキルが、コピーライティングだ。

1つは、おなじみの「PA《パ》SO《ソ》NA《ナ》の法則」。最近では、『稼ぐ言葉の法則』(ダイヤモンド社)で説明しているが、この法則を理解すると、自社の商品を、非常に短い時間で、顧客視点で分かりやすく説明できるようになる。もう一つのオススメは、エンパシーライティングだ。弊社の講師としてご一緒する中野巧氏が開発した方法論だが、この方法は、長いセールスレターやブログ、書籍を書くような場合に用いると、体系的に緻密に文章を組み立てられるようになる。「レターをざっと書いてしまう。それができないんだよな……」という人や、文章力がない人でも、売れる文章がかけるようになるシステマチックな方法論だ。

マーケティング戦略とコピーライティングの技術を組み合わせて文章を作成し、それを活かすためのランディングページづくりの方法を習得することで、お客様へのテストがスムーズにできるというわけだ。

デジタル・マーケティングツールの活用

ポイントの2点目は、デジタル・マーケティングツールの活用である。これを駆使すれば、いとも簡単に顧客からアンケートが取れる。売る前から結果が分かるのだ。それには、テストが必要となり、テストをしなければ何も始まらないのだが、未だにテストを行おうとすらしない中小企業がほとんどだ。次に解説しておこう。

④要望：顧客ヒアリングを行い、真のニーズとウォンツを把握する

新成長事業づくりステップ④は、顧客の要望、真の「ニーズ（必要）」と「ウォンツ（要望）」を発見し、さらに最適な価格を見出す段階だ。ニーズとウォンツを把握し、顧客に刺さる提案と、価格を見出せば、高い成約率で購入していただける。しかし、この情報爆発下、顧客ニーズも爆発しており、現実問題として、どんなに優れた人が、どんなに頭を使ったところで、顧客の反応を、事前に正確に予測することはできない。

一方、インターネット革命によって、メッセージを顧客に届けるためのコストは激減した。先ほどお伝えしたとおり、クラウド上のＡＳＰで、ほぼ無料でランディングページが製作できるようになった。その結果、現実の成約率を見ながら、何度でも、何度でも、何度でも、顧客へ届けるメッセージの変更が可能になったのだ。

つまり、やり方さえ知っていれば、短期間で、顧客に刺さる提案が特定できるようになったのだ。自分たちの価値を、商品を通して提案し、顧客からの反響に耳を傾ける。言い換えれば、このキャッチボールを、スピーディに何回か繰り返すだけで、誰でも多くの顧

客に届くビジネスがつくれるようになったのだ。

では、顧客とのキャッチボールは、具体的にどうやればいいのか？　重要なのは、

1、価格―最適な価格はいくらか？

2、提案―顧客のニーズ、そして、ウォンツは？

ビジネスで検討すべき最少要素は顧客に加えて、この2つだけだ。あなたが、まず判断しなければならないのは、「何を、誰に、いくらで売るか？」。シンプルに、これを考えるだけでいい。この最適コンビネーションを見つければ、必ずビジネスは成立する。

何を、誰に、いくらで売るか？　これはシンプルだが、あまりに重要な原理原則で、当たり前すぎて忘れがちである。

ここで、ステップ④の結論を言おう。ズバリ、それは「**顧客に買う価格を先に聞いて、その価格で売れば、どう転んでも、ビジネスは成立する！**」ということだ。

ヤフオク、メルカリや、数々のオークションがやっているのは、まさに、こうした仕組みを活用したもの。だから、買ってくれる人を集めるよりも、売ってくれる人を集めることが鍵となる。

では、どうすれば、顧客に買う価格を聞けるのか？

実は、その究極の価格決定ノウハウがあるのだ。もう15年も前に、わたしどもがクライアントと活用し始めた画期的な方法論なのだが、この価格決定ノウハウが、今ますます重要になってきた。なぜなら、インターネットでの販売比率が、あまりに大きくなってきたからだ。ネットの顧客は、対面できる顧客に比較して、簡単に価格を検索できてしまうから、価格に対して非常に敏感。だから、値付けを間違えると、とたんに顧客が集まらなくなるし、逆にピッタリ値付けできれば、とたんに顧客が集まりだす。『一瞬でキャッシュを生む！　価格戦略プロジェクト』（ダイヤモンド社）に一部始終を記載しているのだが、そこには、バリュー価格で、顧客数を最大化するか？　それともプレミアム価格で利益を最大化するか？　を、調査によって的確に判断することができるのだ。

まとめると、顧客に買う価格を聞いて、その価格で売れれば、どう転んでも、ビジネスは成立する。アンケート結果を見ながら、販売イメージを想定していく。買わない顧客に時間を使うことなく、待っている顧客に、いち早くたどり着けばいいのである。この余裕とゆとりは、対面した時に、必ず成約率アップにつながるだろう。

⑤ 改善：反響を高める提案へと、改善する

ここまでの作業を終えたら、ビジネスを胎児に例えて言うならば、もはや胎動が始まったようなものだ。手足がはっきりと伸びてきて、どっくん、どっくん、と心臓の鼓動が聞こえてくる。

この胎児の成長を確実にするためには、やっておかなければならないことがある。それは、「広告テスト」だ。広告テストは、今では、Ｆａｃｅｂｏｏｋ広告などが便利で、非常に低予算でできるようになり、最適なターゲットやメッセージの選定が少予算・短期間でできるようになった。まず精査すべきなのは、「誰に、この商品を届けるのか」、ターゲットの選定をすることだ。

多くの会社の会議室内で考えた顧客ターゲットは、仮説でしかない。そして、その仮説

は、多くの場合間違っている。その間違いに気づき、その原因を突き止めた時に、全く新しい市場に出会えるのだ。

もちろん、ある程度、あなたに似たような商品の販売実績がある場合には、想定した顧客ターゲットから広告を始めるのは、決して間違いではない。しかし、新規事業に乗り出す際には、**想像でターゲットを絞り込む前に、少額な予算でＦａｃｅｂｏｏｋ広告などを打って「反応した顧客は誰か」と現実のデータを見て、それをもとにターゲットを特定した方が早い。**

実際に試すことで、現実的なターゲットを選定できる。また、「いくらなら買うのか」、初回購入時の予算感も明らかにできる。自社ならではの強みを特定の顧客にピンポイントで提案する時代になったのだ。データが揃えば、ターゲットや広告の打ち先を絞り込んで、費用対効果の高い広告を出すことができる。

今やＦａｃｅｂｏｏｋ広告をはじめとしたデジタル広告では、特定のターゲットにピンポイントで広告を出せるようになった。今までの新聞広告やチラシに比較して、圧倒的に、より精緻なターゲットを選定できるようになっている。

例えば、Ｆａｃｅｂｏｏｋ広告で「結婚」に関するステータスを選ぶとしたら、「既婚」はもちろんのこと、「婚約中1年未満」「婚約中6カ月未満」など婚約期間まで選んで、ターゲティング広告を出せる。これによって、結婚式場や結婚指輪を提供する宝石店、あるいは新居選びをサポートする不動産会社などが、特定のターゲットに広告を出せる。

ターゲットが絞り込まれた広告のインパクトは、計り知れない。ここまで精緻にターゲティング広告が打てれば、自分や自社のオリジナルな才能・価値を特定のターゲットに向かって表現できるようになる。すると、ピンポイントで、対象顧客を見つけ出すことが可能だ。

自分ならではの事業を見出せば、それを必要とする人もまた見出すことができる。そんな時代にすでに入っているのである。

現在は、できなかったことがほんの数カ月後にあっけなくできるというのが今の時代。すでに、こうした広告技術を当たり前のように使う日がきて、これをＡＩが判断して反応の高い広告を出すという技術まで出てきているのだ。

まとめると、精緻《せいち》にターゲティング広告が打てる今は、自分や自社のオリジナルな才能・価値を掘り下げて明確にできれば、それを特定のターゲットに向かって表現することで、事業が成り立つようになってきている。分かりやすく未来を理解してもらうために、大げさに言うならば、顧客とよく似た人を探し出して広告を出して、Ｆａｃｅｂｏｏｋ広告の「類似オーディエンス」を活用すれば、顧客は全世界から出現する。これは将来の話ではなく、すでに始まっている話なのである。

⑥統合：中長期ビジョンとの、一貫性を整える

ステップ⑤までくると、新しいビジネスモデルが浮かび上がり、広告を通じて、そのビジネスのターゲットや、ターゲットが反応するメッセージを明確にすることができた。利益が上がるマーケティングモデルはほぼ完成したと思うかもしれない。しかし、それはまだ早とちりだ。一次的に反応が取れても、広告を出すたびに、広告に対する反応や結果、効率は下がっていくから、それでは短期的なビジネスに終わってしまう。それを克服していくのが、このステップ⑥の「統合」である。

統合とは、一言で言えば、お客様に与える企業イメージが一貫したものになるように、マーケティングメッセージや広告などを統一していく作業だ。統一することで、商品やその商品を扱う会社の魅力が顧客にしっかりと伝わることになり、既存顧客から新しい顧客を紹介されたり、マスコミなどで報道されたり、といったことが起こりやすくなる。すると、より力のある企業に商品が採用されるというような相乗効果が生まれ、広告効果にかかわらず売上が上がって、継続性のあるビジネスへと進化させていくことができる。

逆に、統合されていないとどうなるか。企業広告に反応した顧客が、その企業と実際に接触した時、広告で伝わってきた会社のイメージと、実際に触れた会社のイメージに、ズレがでてしまい、顧客の多くは二度とその会社を利用しなくなる。

では、どのように統合していくか。そのためには、統合する上で重要な事業要素が一貫しているかどうか、チェックすることが欠かせない。既存サービスをNPS（ネットプロモータースコア）、CES（カスタマーエフォートスコア）で確認しながら、マーケティング・ピラミッドで事業を統合するとよい。

NPS、CESとは、1章で触れたお客様の生涯価値を高め、紹介を生み、お客様が努力を要さないサポートを、いかにつくるか？　という点についての有効な対応策である。

NPSは顧客ロイヤルティ（企業やブランドに対する愛着・信頼の度合い）を数値化する指標調査である。NPSが上位の企業は高い事業成長率を保てるという経営判断ができるため、NPSを導入することで収益向上を実現しようとする企業が増えている。

もう1つは、顧客努力指数（CES）を数値化する指標調査が挙げられる。継続的なサービスでは、お客様の手間や労力を減らして、簡単に使えることや当たり前の品質を上げていくことが重要。継続的な関係を築いていくために、ロイヤルティが低下するポイントやお客様・消費者のマインドを理解し、手間やコストや離脱をスコアリングするというものだ。昨今は、厳しい消費者の声と中央に結果が集中する傾向があるため、NPSだけでなく、CESと合わせて実施すると効果的である。

方法は、簡単。今すぐ実施していただくために、参考までに弊社アンケートの該当部分を掲載しておく（＊12）。この質問どおりに作成して数値計測をするといい。

お客様は、時代の変化とともに他業種の多様なサービスを受けることで、気づかぬうち

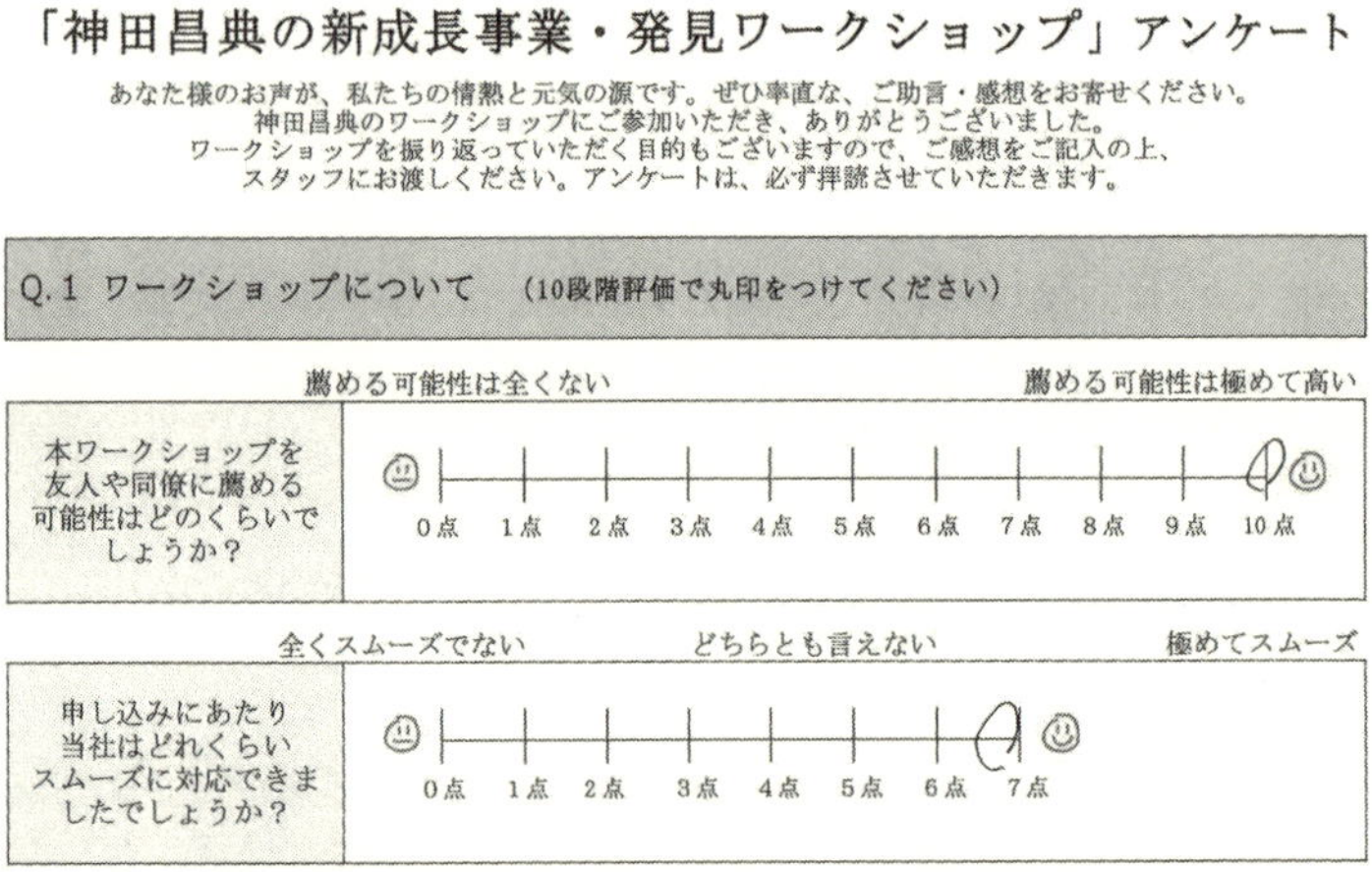

「神田昌典の新成長事業・発見ワークショップ」アンケート

あなた様のお声が、私たちの情熱と元気の源です。ぜひ率直な、ご助言・感想をお寄せください。
神田昌典のワークショップにご参加いただき、ありがとうございました。
ワークショップを振り返っていただく目的もございますので、ご感想をご記入の上、
スタッフにお渡しください。アンケートは、必ず拝読させていただきます。

Q.1 ワークショップについて　(10段階評価で丸印をつけてください)

	薦める可能性は全く無い ～ 薦める可能性は極めて高い
本ワークショップを友人や同僚に薦める可能性はどのくらいでしょうか？	0点　1点　2点　3点　4点　5点　6点　7点　8点　9点　10点

	全くスムーズでない ～ どちらとも言えない ～ 極めてスムーズ
申し込みにあたり当社はどれくらいスムーズに対応できましたでしょうか？	0点　1点　2点　3点　4点　5点　6点　7点

＊12 上記の質問は、ＮＰＳ（ネットプロモータースコア）、下の質問が、ＣＥＳ（カスタマーエフォートスコア）である。それぞれで、10段階、７段階評価のチェック項目を作成、計測する。結果に応じて顧客対応を分けていく。０～６点を「批判者」、７・８点を「中立者」、９・10点を「推奨者」と分類。ＮＰＳは「推奨者」の割合（仮に50%）から「批判者」の割合（仮に30%）を引いた数値（50% − 30% = 20%）を指す。

に心境も変わる。もう昭和の顧客が対象ではない。従来型のカスタマーサービスが通用しなくなってきているという事実を、我々は理解しておく必要がある。

これと合わせて、マーケティング・ピラミッドでチェックをするのだ。マーケティング・ピラミッドについては、とても重厚な内容となるため、ここでは割愛するが、巻末ダウンロードの付録についているので、参考にしていただきたい。

画期的な資金調達法

ポイントの3点目は「お金がない」という課題についての解決策だ。大手一部上場であれば、会社に提案が通れば予算は組めるが、中小企業であればそうはいかない。もちろん銀行からの融資などもあるが、今の時代に知っておくといいのが、クラウドファンディングである。これは、7ステップの最後のステップでもあり、ひと昔前と比べて、資金調達の可能性は大いに開けた。

⑦実現：未来から応援される、自分の価値を実現する

中でも、中小企業にとって注目なのは、株式型クラウドファンディング「FUNDINNO」。FUNDINNO（ファンディーノ）は、株式会社日本クラウドキャピタルが運営するプラットフォームサービスである。同社は、日本初の株式投資型クラウドファンディングによる株式の発行およびその他の方法による資金調達、ビジネスマッチングなど、さまざまなビジネスニーズへの対応を希望する企業と企業、そして企業と投資家の間の橋渡しをしている。今、企業1社につき、1億円まで出資が得られるまでになった。

例えば、わたしどもの会員仲間でもある右田《みぎた》孝宣《たかのぶ》社長＝鯖やグループ（サバ専門外食チェーン「ＳＡＢＡＲ」を運営する株式会社SABAR、株式会社鯖やから成り立つグループ）のサバ専門レストラン「ＳＡＢＡＲ」は、クラウドファンディングで資金調達し、２年間で、シンガポールを含め国内外13店舗を一気に出店できた。

さらに、最先端技術で漁業に革命を起こすプロジェクトＩｏＴ×ドローン養殖「クラウド漁業」で、３７８７万円を調達した。自己資金や融資でやっていると、何年もかかるようなことを、クラウドファンディングを使えば、応援してくれる顧客と資金、さらには将来の投資家まで一気に得られてしまう。小さなローカル企業がいきなり、全国区、いや、全世界へとワープしてしまうわけだ。新事業・新商品の立ち上げで、もっとも難しいのは、はじめの顧客になってくれる方を探すことだから、カタチがないうちから応援してくれる、クラウドファンディングの顧客ほどありがたい存在はない。活用しない手はないだろう。

なお、「ＦＵＮＤＩＮＮＯ」のＨＰで投資家登録することができるので、投資にご関心のある方は、投資家登録されてみるといいだろう。事業家の事業計画書を読めるようになり、投資経験を踏めるようになる。すると、投資家視点として、どの点を見ているかの視点が養われ、結果、リーダーとして「資金調達力の強い人材」にもなっていくだろう。

このようにして、わたしどもと一緒に新成長事業に取り組んだ会社は、

・葬儀会社が、「継活」という新しい考え方の活動を開始。ご遺族の心を考え抜き寄り添う社員が、お亡くなりになる前に、家族の誇りを受け継ぐ活動を開始。
・健康食品の通販会社が、LTVが下がりつづける業界に、通販のコールセンターの顧客対応力を活かした、健康事業に着手。
・意外な組み合わせで世界初のフィットネスを開発。
・太陽光発電から地域ナンバー1のソーラーシェアリング事業へ。
・従来製品を新たなコンテクストに変換して大ヒット。
など、その会社らしい事業を進めている。

15社の新成長事業づくりをサポートして分かった真実とは？

15社をサポートして分かった真実がある。それは、その会社の才能とは異なる案や、ポテンシャルや器から外れた案は、新成長事業にはなりえないということ。つまり、その会社を支える「社長」「幹部」といった人の器量がベースにあるということである。

それもそうだろう。いくら、どんなにすごいアイデアで、どんなにコンサルタントが提案した優れたビジネスモデルで、「それ、すごいですね」と言ったところで、当事者たちがワクワク動けるはずがない。

会社にはその会社なりの内的動機となるものがある。他人から与えられたアイデアなど、意欲も湧かず、やらされ仕事となり、すぐに他社に真似されてお終いである。これは社長が幹部に指示を出す時も同様だ。

つまり、新成長事業の大切なポイントで、最も時間を要するところは、新成長事業づくりの7ステップ①、②である。③以降は、デジタル・ツールも日進月歩で変わるし、適切なトレーニングを繰り返し自社で行っていけば、実はスキルを上げることは、さほど難しくはない。初めて、自転車に乗れるようになった時のごとくコツをつかんだら、誰しもが扱えるようになるというのが真実である。

新成長事業づくりは、最良の「後継者の育成」である理由

いろいろ申し上げてきたが、結局やるのは社員であり、その社員を率いるのが、未来のリーダーであることをお伝えした。

もう一歩踏み込んで言うと、「後継者となる子」が、社内にいるようであれば、その方をプロジェクトのメンバーにアサインするとよい。すると、得られるメリットは最大化する。

なぜか？

新成長事業をつくるプロセスそのものが、自ら会社を起こし、経営することと同類のものでもあり、強いては、その訓練にもなるからだ。新成長事業が軌道にのり順調になってきた頃合いを見計らって事業承継をする。これは、会社を継がせたいと願うお子さんが社内にいる社長にとっては、これ以上ないスムーズな事業承継になる。

もちろん、そこに甘えは許されない。

プロジェクトとはいえ、未来に収益の柱となる新成長事業づくりである。会社を設立したばかりの時と同じプロセスを辿るため、多大なエネルギーを排出するし、設立時と同様の情熱が問われる。

そのため、稲盛氏の教えにもあるように、熱意、考え方、能力といった3つは当然のごとく必要となる。チームを統率し、結束させるには、フィロソフィのような統一した哲学がなければ、チームはまとまらない。さらに、経営の基本的な数字、いわゆる算盤の知識がなければ、未来に収益の柱となる新成長事業はつくれない。

よって、プロジェクトの設立にあたっては、「フィロソフィ」や「アメーバ経営」といった論語と算盤の双方を持ち合わせなければならないので、必然的に、身に付けざるを得なくなるのだ。

わたしどもがプロジェクトの実行支援を伴走する際には、アメーバ経営で押さえる数字はもちろん重視する。それだけでなく、その会社に流れる「フィロソフィ」も理解する。次世代のメンバーたちが中心となってプロジェクトを推進する際には、リーダーが「アメーバ経営」と「フィロソフィ」について、度々確認していく。

まだそこまでの経験が積まれていないリーダーは、この2つに関連した数多くの書籍が出版されているし、フィロソフィの徹底・社員への落とし込みは、『JALの奇跡』が参考になるのでお勧めだ。徹底的にお読みいただいてから臨まれるといいだろう。

フィロソフィがすでに浸透している会社であれば必要はないが、もし自社にそれがなければ、新成長事業をつくるのを機に作成し、全社員に徹底させるといい。わたしどもが、特に必要だと感じる京セラフィロソフィの一部を抜粋する。

- 会社というのはトップの器以上にはならない
- 私心ない判断を問う
- 仲間のために仕事をする精神がアメーバ経営の真髄
- 創意工夫の精神を持ち続けることが中小零細企業を大企業へと変えていく
- 余裕の中で生まれるアイデアは単なる思いつきにすぎない
- 新しいことを成し遂げる
- 潜在意識にまで透徹する強い持続した願望をもつ
- 有言実行でことにあたる
- 人生・仕事の結果＝考え方×熱意×能力

これらは、稲盛氏の書籍を手にした人であれば、すでに知る由であろう。しかし、「知識より体得を重視する」という言葉にあるように、これらを体得できているかどうかは別問題である。折に触れ、実践を通じ、次代のリーダーに伝えるのも役割であると感じている。

これまで、わたしどもが支援する会社で多くの幹部の方とご一緒してきたが、もちろん、これらを身にまとっている状態の幹部に出会う機会は滅多にない。むしろ、プロジェクトを機に、知識と技術、心を高めていく人が多い。経験をとおして、心を高め、信念を持ってプロジェクトを推進する人材が現れてくれれば、紛れもなく、その人材は未来のリーダーである。

面白いことに、わたしどもが支援してきた会社の若きプロジェクトリーダーは、わたしどもとご一緒した後に、ほぼ全員、昇進されている。巻末に「『人材育成とマーケティング』に心血を注ぐリーダーたち」を載せたので、ぜひ、ご覧いただきたい。新成長事業をつくることで、ご自身の心も高まり、社内でも一目置かれるようになり、プロジェクト終了後には、会社でもさらに大きな役目を任されていくのだ。プロジェクト推進の経験によって、自らの役割と才能を自覚し、自己変容が起こり、やりきることで、大きな自信となっていく。わたしどもの支援が離れた後も、その会社を牽引しているご様子を見ると、支援してきた身としては、何よりも感慨深い気持ちになる。

当社の新成長事業は「実践を通じて未来のリーダーと事業を育成する」

「じゃあ、おたくの会社の新成長事業は何ですか？」

という質問が聞こえてきそうだ。せっかくなので、わたしどものコンサルティング事業について、お答えしておこう。今でもわたしどもにはさまざまな種類のコンサルティングの依頼がある。例えば、広告のキャッチコピー作成、マーケティング、戦略立案、価格決定、デジタルマーケティング関連、社員研修……そのどれもが対応できてしまうため、シンプルな提案ができていなかった。

そこで、弊社のコンサルティング事業部のメンバー全員と社内で議論を繰り返した。本書でお伝えした通りのプロセスで、自分たちの才能や、自社にしかない価値といった他社が真似しようがないものを探索・発見・言語化したのだ。

実施アプローチ概要

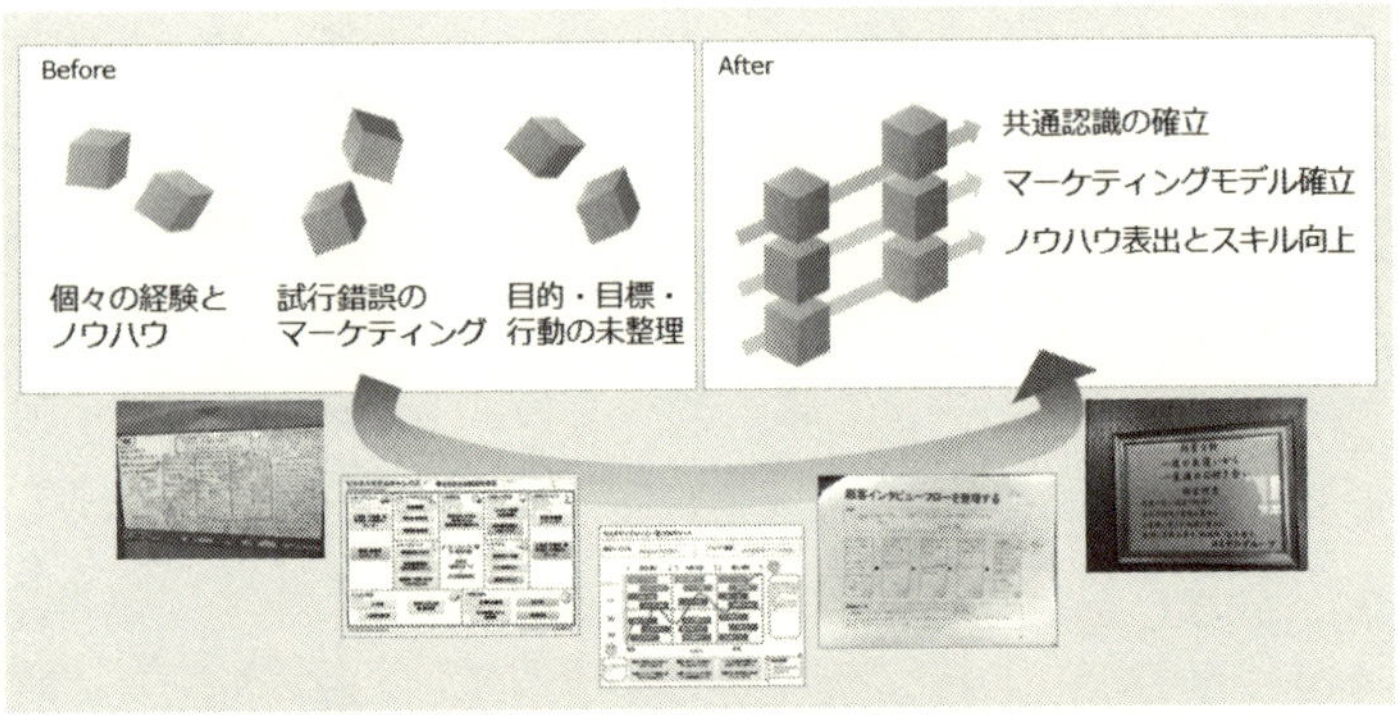

人と事業の同時成長を可能にする、アルマ・クリエイション独自のコンサルティング手法を用いるアプローチ

専任担当者と共に創成的課題に向き合い、知識取得と実践を繰り返し
事業面・人材面の課題を同時解決しながら成長事業を導きだします。

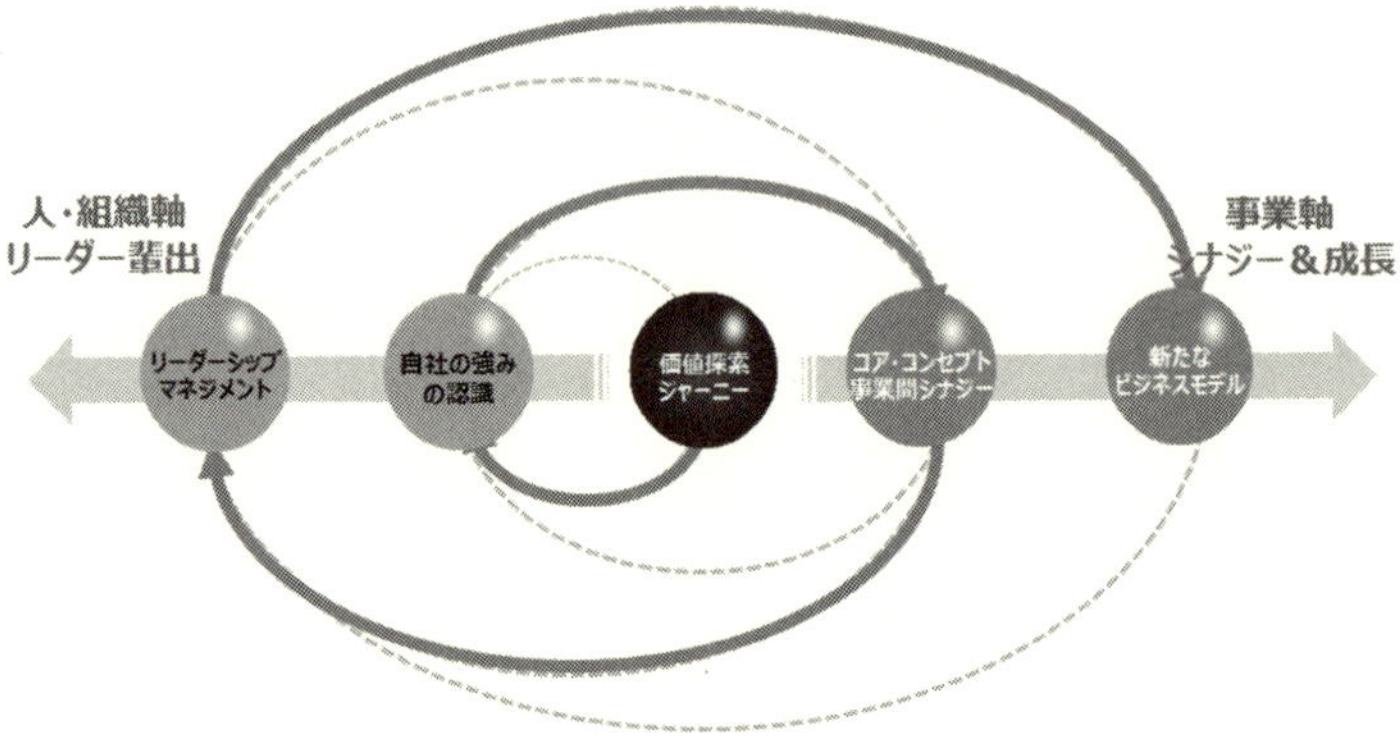

＊13：変化が生まれる会社のプロセス。弊社のコンサルティングの特徴でもある事業開発と人材開発を2つ同時に進行する。

結果、それを事業化し、誰にも真似できないオリジナルなものに仕上げた。それが、本書に書かれている「未来に収益の柱となる、新成長事業づくり」を丸ごと依頼できるということ。さらには、「新成長事業をつくれる人をつくる」、つまり、事業づくりと人材育成という2つを同時に実現してしまおうという提案である。

実は、当社の新成長事業が、「実践を通じて未来のリーダーを見極め、人と事業を育成する」というものだったのである。

未来のビジネスモデルにアジャストする会社規模・ステージごとの着手範囲と手順

これをお読みのあなたは、

「うちの会社規模だと、ここまでの話は、どこまで当てはまりますか?」

という質問もあると思う。ここで、次に会社規模・ステージごとの着手範囲と手順を図にしてまとめたので参考にしてほしい。

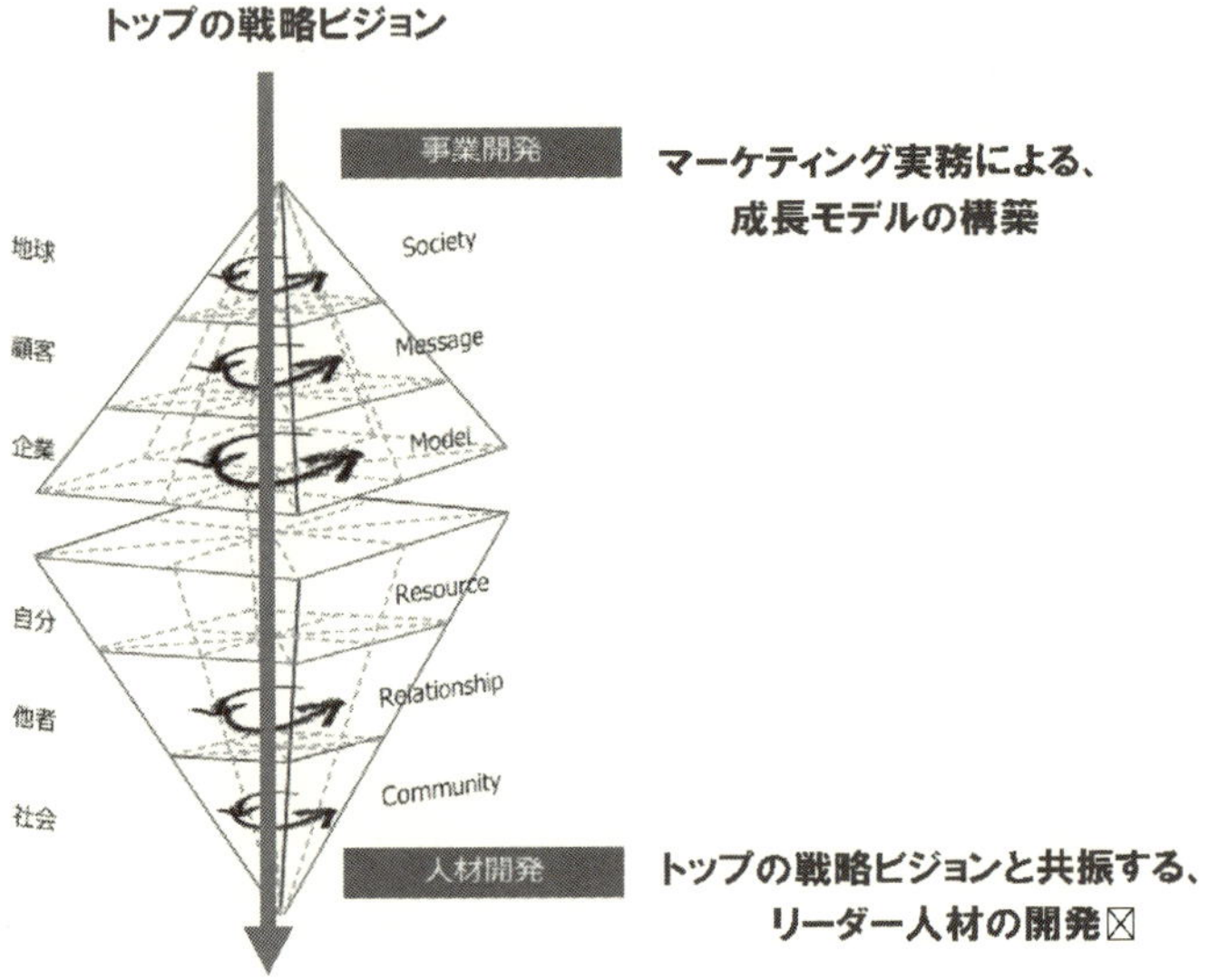

＊14：事業開発にはマーケティング・ピラミッド、人材開発にはラーニングピラミッドのフレーム概念を活用

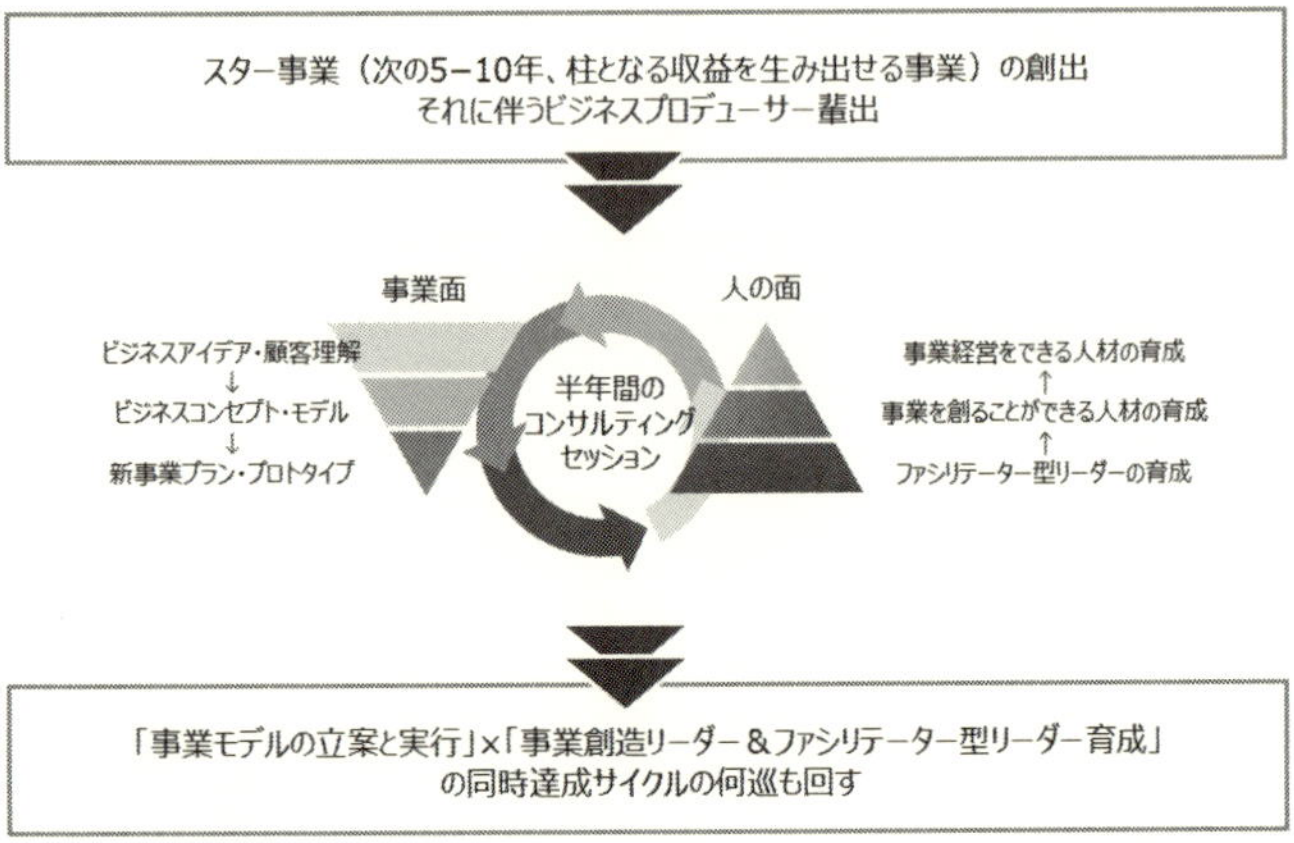

＊15：新成長事業づくりと社内ビジネスプロデューサーの人材を同時につくるモデル

会社のステージによって、ビジネスモデルは変化していく。先にお伝えしたビジネスモデル・キャンバスは、あくまで定点観測となるものだ。よって、新成長事業をつくりながら、それをつくれる人をつくっていけば、自ずと全社の事業構造も進化していく。当然、ステージごとでやることは異なっていき、ビジネスモデル自体も進化していく。

・スモールビジネスの場合（年商～1億円以下）

もし、あなたがスモールビジネスを手がける一人社長の会社、もしくは、社員・スタッフが数人の規模なら、ご自身がそのままリソースとなる事業である。この場合は、ご自身を源泉として、フューチャーマッピングを描き、パーソナルビジネスモデル・キャンバスを描く。そして、そこから描かれたビジネスの売れる仕組みを構築すればよい。法人にすると、リソースが社長1人のものではないと思われがち。ただ、この規模であれば、基本的に、個人であろうが、法人であろうが、ご自身がそのままリソースと考えていいだろう。

・小規模会社の場合（年商1億～5億円）

この規模になると、すでに主力商品・サービスを保有していることだろう。この規模感では、無理に、新成長事業をつくろうという思考ではなく、既存商品・サービスを軸にして、未来のビジネスモデルをつくるという思考がよいだろう。

もちろん、新しい成長事業を自社だけで生み出そう、というお気持ちの社長もいるかと思うが、既存商品・サービスがすでに新成長事業のポテンシャルを持っているにもかかわらず、伸ばしきれていないケースもよくある。

未来のビジネスモデルを構想したら、切り口を変えた派生商品、ターゲットをずらす、売れる仕組み・体制づくりの創意工夫で、大きく化けることもある。資金的にも無理をする時期でもないので、フューチャーマッピングを描き、未来のビジネスモデルを描くことで伸び代を見出してみるとよい。

・中規模会社の場合（年商5億～10億円）

年商7億～8億円ぐらいの壁を突破した年商10億円ぐらいの会社になると、すでに、売れる仕組み・体制も、ある程度整理されスケールしたフェーズであることが想定される。主力商品・サービスもいくつか保有していることだろう。

このフェーズにいる会社は、新成長事業の創造を、積極的に行うとよいだろう。特に、既存事業が旧来型で、本章で述べる「デジタル・ツールを新成長事業に活かす視点」を捉えきれていないという状態であれば、すぐにでもフューチャーマッピングを描き、未来のビジネスモデルを描かれることをお勧めする。旧来型の既存事業が、未来から求められるモデルへ進化し、新成長事業としてリニューアルされることで、会社自体もリニューアルされ、若手の人材を採用しやすくなり始めたら成功の兆しだ。

新成長事業の「発見・創造・構築・推進」（会社規模・ステージごとの着手範囲と手順）

規模・ステージ（年商）	社員数目安	適用範囲	手順	目的
スモールビジネス～１億円以下	従業員5人以下	１・２・４章	①創造的問題解決（社長） ②未来のビジネスモデル創り ③売れる仕組みづくり	新成長事業「発見」 マーケティング力養成
小規模 １億～５億円	～２５名以下	１～６章	①創造的問題解決（社長・幹部） ②未来のビジネスモデル創り ③予測できる成長を実現する集客モデル・体制づくり	新成長事業「創造」 ビジネスモデル構築 社内マーケティング力養成
中規模 ５億～１０億円	～150人以下	１～７章	①創造的問題解決（社長・幹部） ②未来のビジネスモデル ③新成長事業・構築プロジェクト ④新成長事業・実行	新成長事業「構築」プロジェクト 高収益ビジネスモデル構築 マーケティングモデル構築
中堅規模以上 １０億～数百億	150人以上	１～８章	①創造的問題解決（社長・幹部） ②未来のビジネスモデル ③新成長事業・構築プロジェクト ④新成長事業・実行 ⑤未来のリーダー・社員育成	新成長事業「実行・推進」 未来の事業創造リーダー育成 社内大学の構築

＊15 本書の活用にあたり、会社規模・ステージごとの着手範囲と手順

・中堅規模以上（年商10億〜数百億円）

年商の幅を少しもたせたが、実は、この規模の会社が一番動きづらく、組織が硬直していることが多い。過去の成功体験のまま現在に至り、また、役員の中にも過去の功績を残された古参の重役が気づかずに、変化を妨げていることがある。

フューチャーマッピングを描き、未来のビジネスモデルへと作り変えていくところまでは一緒で、プロジェクトを立ち上げる。そこから先は、どこかのタイミングで隠れたキーマンである若手幹部との入れ替えが必然的に起こるだろう。

社長には英断が求められるが、論語をもって古参の役員に説明し、事業承継も含めた次世代へのバトンタッチを準備することをお勧めする。また、この規模までいくと、社内に「事業創造」と「人材育成」の2つを落とし込む〝仕組み〟を構築しておくと、社長は未来に向けて気持ちが晴れてくるので、早々に仕組みづくりに着手されるといいだろう。着手しておかないと、たちまち、業績の悪化に見舞われて、挽回するのに相当な苦労を強いられてしまう。また、この規模の会社の場合、論語会社と算盤会社のどちらかで特徴も異なるため、6章の「突破口の事例」の表で、傾向と注意点を参考にされるといいだろう。

テクノロジーはあくまでツール。活用してなんぼ

減少する国内人口についても触れておく。2050年には、日本の人口は8000万ほどに減ると予想されている。顧客がいなくなる。働く人がいなくなる。事業を承継する人がいなくなる。一見、危機感しか浮かばないこの人口問題。

こちらについては、2012年に上梓《じょうし》した『2022――これから10年、活躍できる人の条件』（PHPビジネス新書）で、その対策を述べてきた。どの新興諸国よりも先に、人口減少・高齢化社会を迎える日本は、今のうちからそれに対応した社会に移行し、ビジネスを興すことができれば、世界より20年先にいける。そして、その仕組みやビジネスを世界中に輸出することができる。他の国よりも先んじることができるのだ。

『日本再興戦略』（幻冬舎）という書で、著者の落合陽一氏が次のことを述べている。あなたが未来に続く会社にしたいと願うのであれば、中小企業として人口減に対して取るべきポイントは、次の3つである。

1、国内の日本人だけを顧客としている事業・サービスを、海外に輸出できる事業・サービスへと、今すぐ転換しなければならない。（国内人口減対策）

2、あなたの事業で、機械化できる仕事を機械化させるイメージと準備を、今からしておかなければならない。（国内労働人口減対策）

3、あなたの事業をブロックチェーンやトークンエコノミー（仮想通貨）を活用した事業にすることができるかどうかを検討しておく。（資金調達対策）

1と2は、頭で理解はできるだろう。3については、一体、どういうこと？　よく分からないという方もいるだろう。ここでは簡単にそのメカニズムにだけ触れておく。

中小企業の経営において外せないのが資金だ。その資金を調達するには、今までは銀行からの融資が主であった。銀行というのは、そもそも中央銀行が発行した通貨を中心とする中央集権的な経済圏で成り立っている。しかし、今のような人口減少経済においては、融資は縮小方向に進まざるをえない。地方経済下においては、いくらユニークなビジネスを発案しても、資金が調達しづらいのが現実だ。

これを、好循環にするためには、先行投資型で資金調達を得やすいモデルに変える必要がある。その切り札となるのがトークンエコノミーというわけだ。トークンエコノミーが普及すれば、非中央集権的に、さまざまな経済圏をつくることができる。資金調達では、会社だけでなく、個人やプロジェクト、市や県、国でも上場することができる。そうなると、地方自治体、地方の中小企業にもユニークな取り組みや事業、開発に先行投資的にお金が集まる。

ブロックチェーンやトークンエコノミーについては、中小企業が今すぐできそうにないと思い悩む必要はない。今のタイミングでは、「この事業をブロックチェーンやトークンエコノミーを活用した事業にすることができるかな?」というぐらいの検討をぼんやりでも意識しておけばよい。その方向に進みながら、きたるべき時に取り入れる心づもりがあれば対応できるからだ。

1章でお伝えした、無料ツール、オートコンプリート機能、Ｕｂｅｒ Ｓｕｇｇｅｓｔ、検索コマンド（Ａｌｌｉｎｔｉｔｌｅ）、Ｇｏｏｇｌｅトレンド、Ｇｏｏｇｌｅアナリティクス、サーチコンソール、ＳｉｍｉｌａｒＷｅｂ、Ｇｈｏｓｔｅｒｙについては、使わない手はない。かく言うわたしも弊社の動画講座で学び活用できるようになり、これらのツールをフル活用するようになった。

こんな話がある。収益率が低いお客様の会社での出来事だ。収益性が低いということであれば、無駄な経費の削減は必須である。その会社は、年間300近い法人と契約書を書面で交わしている。その際に、必要な収入印紙、郵送代、そこにかかる人件費は、およそ総額を試算すると、郵送代・印紙代・人件費で、1カ所仮に1万円と考えても300万円だ。

ここで、CLOUD SIGNなどの「電子契約」というITツールを知っていれば、この経費は、印紙代を中心としたさまざまなコストを大幅に削減することができる。具体的には契約締結1件当たり、数百円+印紙代が節約できるわけだ。印紙代がそれなりにかかる契約で、人件費を考えたら、おおよそ半減できる。それを伝えても、一向に取り入れて進めようとはしないのだ。

このような会社に限って、ちょっとした要件での出張も多い。ことあるごとに、社員のところに出向いては対面で話をしている。大きな経費である。今や、ZOOMやスカイプといった無料オンライン会議のITツールが出回っていて、顔を向き合わせながら、プレゼン資料も画面表示させることもできる。ありがたいことに、会議を終えたら、録画記録がすぐに届き、会議に出席していない人に転送すれば、簡単に会議の様子がシェアできる。

さらに言うと、これらの海外ITクラウドツールを使用し、「経理部・総務部の仕事を一手に引き受けて、会社の経理部・総務部を3ヶ月で一生いらなくする体制をつくる」という会社も私どものクライアントにいる。その会社は地方にありながらも全国のクライアントを相手にしており、そこにアウトソースすれば、経理・総務部の経費は、最低でも3分の2以下になり、余った人員は、売上部門に回して売上をあげる方に注力することもできる。

「それ、知っています」と言われるかもしれないが、「活用できていますか？」と聞くと、ほとんどの会社が活用していないのが現実だ。知っているのと活用するのとは雲泥の差である。

大手メガバンクの会合に招待された時に20代の若手の行員と、この話題を話した。その時に、この若手行員は、「いや〜、うちもできていないんですよ。電子契約とかいいなって、みんな話しているんですけどね」という話だった。

一度、自社のメンバーに聞いてみてほしい。意外と「会議はやっぱり直接会ってやらないと」「契約書は、やっぱり紙でないと。相手にも不信に思われかねないです」「お客様には、直接お会いしないと失礼にあたります」という意見も根強く残っていないだろうか。一方で、若手社員にも同じことを聞いてみてほしい。すると、「いつになったらうちの会社も変えるのかなって思っていました。うち、時代遅れですよね」といった意見が出てきたりする。

近い将来、目と鼻の先には、次のような世界が待っている。

会議出席やTV出演の3次元リアルタイム中継の世界（5G）、コンビニのなくなる世界（自動宅配）、多様な国の言葉が何語であっても自由にコミュニケーションや会議までできる世界（自動翻訳・通訳）、トラックや物流・車に乗ること自体が無意識になる世界（自動運転）、Google検索よりAmazon Echoのような機械に直接聞く世界（音声コミュニケーション）、電車の改札が顔認証で通過できるAmazon GOのような無人レジの世界（顔認証）、老人になって動けなくなった時に車輪をつける世界（人と機械の融合）、コンタクトレンズ型のホロレンズによる3次元接客の世界（MR）、遠隔手術・遠隔介護（5Gによるテレプレゼンスロボティクス）、ロボットと人間の区別がなくなる、自分の代わりにイベントに出演してくれるバーチャルBｏｔの世界（Bｏｔ）……。

このようなテクノロジーが自然に融けこまれている世界は、中小企業の経営者であれば、脅威として捉えるという見方が大半だろう。社会はデジタル・テクノロジー化にむけて一直線であるということは、もう避けられようのない、まぎれもない事実だ。

きっと、ちょんまげを切り落とし散切《ざんぎ》り頭に変えた明治初期も、同じことが起きていたのだろう。現代の文明開化は、すでに訪れている。活用すれば経費も削減でき、その分、他に投資できる。活用するかしないかは、経営者であるあなた次第だ。ほんの少しの差で、生産性も上がり、コストは下がる。若い社員が「うちの会社、いけてるよね」という評判にもつながる。活用しない手はない。

輝ける日本の未来を拓く鍵は、ここにある

さて、ここまで一気に、あなたの会社の強みを形にする新成長事業を、スピーディにつ

くるプロセスを話してきたが、改めて考えてみると、すごい時代に突入したといえる。

最後に強調しておきたいのは、新成長事業をつくる7つのステップを実践することは、社会的に大変意義があるということだ。

今後、少子高齢化から生じる、さまざまな問題を解決していくためには、多くの人が、自分の持っている才能を提供していくことが必要だが、このステップは定年退職後も長く働ける仕事をつくりたいと思う方にとっても、使えるプロセスだ。

また、新成長事業づくりは、子供たちの教育の現場でも必要になってくる。今後、子供たちの教育は、課題解決型学習（プロジェクト・ベースド・ラーニング）にシフトしていき、この本質は、ほぼ起業家教育。地域の問題を解決するために、必要な学習を積んでいく方法であり、まさに学校が、地域のシンクタンクのような位置づけになっていくのだ。

そして、中学生や高校生たちが地域のために新しいプロジェクトを作り上げた時には、地域の経営者が、クラウドファンディングを通じて、彼らに資金を提供することもできる。そうなれば、本当にビジネスリーダーと地域が一体となって、新しい日本の未来をつくり上げる突破口になれるのではないだろうか？

というのが、実は、わたしどもの真からやりたい事業である。

つまり、教育界からのアプローチではなく、実業界におけるこのお役立ちを、未来の子供たちに提供する教育カリキュラムに還元したいと思っているのだ。

すると……2025年以降の日本の未来にも、光が差し込んでくる。なぜなら、2025年は今から6年後。今15歳の子供たちが社会に出る。新成長事業を創ることは、決してハードルが低いとは言わないけれども、そのためのリソースは全部、すでにわたしどもの手の中にある。

あとはやるか、やらないか？　この真実を知った上で、やりきると誓えるか？　日本の豊さを継承していくためにも、やり抜かなければならない。未来は、あなたのチャレンジを待っている。

第8章

全従業員と「つながる」組織学修

中小企業が「未来につづく会社」になるポイントは、社長が組織学修を起こそうと思うかどうかの決断にあった！

プロジェクトを実行していくと、最終的には、全社的に取り組む必要がでてくる。そのためには、従業員全員の協力が絶対だ。つまり、従業員と会社が「つながる」必要があるのだ。本章では、その方法論としての「組織学修ついて」に触れていく。

出口治明《はるあき》氏（立命館アジア太平洋大学学長・ライフネット生命保険株式会社創業者）が、『致知』２０１８年12月号の特集で、次のように述べていた。

「いまＧＡＦＡをはじめ、世界を牽引している企業で働いている人はものすごく勉強していて、ダブルマスター、ダブルドクターの人が多いんですよ。しかも、統計学とか数学だけではなく、文学とか美学とか哲学の学位を持っている。そういう世界を知って初めて、面白いアイデアが出せるわけです。もっとも、大学院の免状を取れと言っているのではなく、例えば、『論語』と『老子』と『韓非子』を勉強することがダブルマスターでありダブルドクターであって、一つだけに決め打ちしないで幅広い分野を勉強していかないとこれからの時代のリーダーにはなれないという気がしています」

先に述べたマーケティング４・０の世界でも、デジタル化によりあらゆる面で数値化できるようになった。そのプロセスの計測・改善を繰り返せば、経営改善に直結する。その一方で、顧客を獲得するには「より人間という存在価値を深く探求」しなければならなくなった。テクノロジーの革新により、自動化や機械的で計測的でありながらも「自己実現」という「人間的性格の重要性」、ある種の哲学的な世界も入ってきた。よって従来、文系よりだったマーケティングの職業は、文理融合ともいえる世界となった。しかも、単純な文理というものでなく、その中には、経営・哲学・思想・社会といったものが含まれてくる。

まさにマーケティングの世界でも、出口氏の言うように、論語と算盤という2つの概念領域へと広がりながら、統合してきている。

マサチューセッツ工科大学（ＭＩＴ）経営大学院上級講師のピーター・Ｍ・センゲ氏著、『学習する組織』（英治出版）という世界で販売部数２５０万部を超える書がある。センゲ氏が提唱した新しい組織の概念であり、実践のための手法体系である。ナイキ、ユニリーバ、インテル、VISA、世界銀行など多くの企業・組織に取り入れられてきた。
「学習する組織」とは、「目的を達成する能力を効果的に伸ばし続ける組織」で、「その目的はみんなが望む未来の創造」である。そして、「環境変化にも適応し、学習し、自らをデザインして進化し続ける組織」のことである。5つのアプローチで、3つの中核的な学習能力を磨いていく。

学習能力の1つ目は、「志の育成」。個人、チーム、組織が、自分たちが本当に望むことを思い描き、それに向かって自ら望んで変化していくための意識と能力である。2つ目は、「複雑性の理解」。自らの理解と他の人の理解を重ね合わせて、さまざまなつながりでつくられるシステムの全体像とその作用を理解する意識と能力のことである。3つ目は、「内省的な会話の展開」。個人、チーム、組織に根強く存在する無意識の前提を振り返り、内省しながら、ともに創造的に考え、話し合うための意識と能力である。

これらの3つの中核的な学習能力は、それぞれを構成する5つのディシプリン（学び習得するべき、理論と手法の体系）で培われる。

・自己マスタリー……ビジョンと現実の両方を見据えて探求・内省を行い、自ら意識的に選択を行うこと、そして根源とつながって自身のあり方を磨き続けること。
・メンタル・モデル……自らの思考やコミュニケーションの開放性を保つこと、そして、自らの無知を知りながら真実を愛する心を育むこと。
・共有ビジョン……メンバーの間で互いの目的やビジョンの共通性を見出し、その理念と互いに対してコミットするパートナーシップを築くこと。
・チーム学習……メンバーたちが「今ここ」にありのままにいてエネルギーを集め、メンバー間の意図や理解が「合致」した状態を生み出すこと。
・システム思考……組織や市場や社会における相互関連性を理解すること、多様な個の集まった全体性を感じること。

学習する組織をつくるということは、この5つの終わりなき修練を歩み続け、自分・チーム・会社を継続的に成長・進化させていく、不断の実践活動を意味する。

この概念に基づき、社員の才能を、最大限に引き出し、自社の資産に変える方法として、わたしどもが提供してきた組織学修がある。それがフューチャーマッピングによる「全社員キャリア研修」だ。これが特に、規模の大きい中堅企業には、とても効果的であった。

次の2つの写真を見てほしい。UT社とNTTスマートコネクト社の社員研修の様子だ。それぞれの社内で、新卒入社、全社員を対象にキャリア研修を実施した時のものだ。実施したところ、UT社においては、新卒の退職者が前年までと比較して、3分の1に減った。

NTTスマートコネクト社においては、全社員（派遣社員、契約社員、パート分け隔てなく開催）に実施し、この研修を境に、社員一人ひとりが自分の強みや才能に向き合うようになった。自分のビジョンを見出すようになったのだ。これを機に、部署を超えて社員間に交流が生まれ、その後、新成長事業をつくるために選抜されたメンバーは、部署を超えて選出された。

両社とも、経営トップから始まり、幹部とのセッション、その後、次世代リーダー・マネージャー層と未来のビジネスモデル案を作り、そして、プロジェクトが立ちあがり、全社員研修という流れで実施した。全社員の研修に至るまでには、ここまで本書で触れてきた流れを汲んでいる。

UT社においては2年間で株価が3倍。日本経済新聞の急成長ビジネスランキングでトップに選出された。

NTTスマートコネクト社は、人選とプロジェクト設立後の6カ月で、新成長事業のテストマーケティングを開始。テストマーケティング期間中から、見込み客を獲得。新規事

＊ＵＴグループ株式会社で、新入社員全員が会社ビジョンに向かい、自らのキャリアを描く様子

＊ＮＴＴグループ企業の１つである、ＮＴＴスマートコネクト社でも全社員研修を開催した

業を立ち上げた経験のない20代の若手社員がNTT西日本の幹部と交ざり、新事業の発表を大衆の企業の前でプレゼン。その場でモニターを一気に獲得するまでになった。このように、全従業員までつながれているフェーズまで進むと、会社のビジョンが浸透され、一貫性を生み、プロジェクトもダイナミズムに進んでいく。

この全社員研修を実施する際にも、フューチャーマッピングを用いる。フューチャーマッピングは、利他の精神ファーストでありながらも、同時に自己の深い欲求を実現する思考設計になっている。そのため、心から喜ばせたい物語の登場人物をお客様に見立て、喜んでもらうストーリーを描くので、自利が利他となるのだ。

つまるところ、社員は自身のキャリアステップを、社内の利他的な業務に見出す。センゲ氏のいう5つの修練のうち、個人ビジョンと会社のビジョンの共有である。

一連の物語を描くことで、主人公が自己を十分に理解し、鍛錬を積み重ね、困難を突破していく。その旅のプロセスにおいては、囚《とら》われた先入観を取り払い新しい概念が培われる瞬間がある。

この主人公のヒーローズジャーニーは、まさに実世界の自分であると気づくことで、個人のビジョンを会社のビジョンと融合した形で忍耐強く行動を継続するようになる。結果、社員は、会社をすぐに辞めなくなったのだ。

こういった自己の内面に触れる学習機会が、ダイアログを通じて他者とも相互理解し合えるようにチーム学習が設計されている。よって、自分の居場所や存在価値を、他者から見出すことができるようになる。

その結果、人間関係も構築され、この社員研修を企画してくれた自社に対して、感謝の念を抱き、愛社精神を持つようになる。社長や幹部の上層部で話し合われてきた「社員を想う気持ち」が一気に会社全体に浸透し、一体感が加速し始めたのだ。

ここまで一気にお伝えしてきたが、なぜ、このような変化が起こり始めるか？　についてのメカニズムを整理する。

自己の内面と向き合い、他者との対話を通じ、
社員は自分の才能と、会社における自身の価値に気づく。

（自己肯定・価値）

←

才能を活かすためには、自己を熟達させ、
今までの思考を超えた変容が必要であることに気づく。

（変容の許可）

←

枠組みを超えるためには、
起業家精神が必要であることがインストールされる。

（経営者思考・学修意欲の喚起）

←

才能は、今までの仕事・活動で培われてきたものと理解するから、
目の前の仕事で、自身の才能を活かそうとし始める。

（仕事への向き合い方の変化）

←

企業側は、その才能を把握して、それを社内で活かす。
さらに、自社のリソースに組み込む。

（称賛と評価・社員の物心と才能を豊かにする環境づくり）

←この仕組みと環境を構築することで、
自発的に、自らの才能を活かした新成長事業をつくれる社員を、
次々につくるようにする。
(仕組み化と学修する組織の全体設計)

社員一人ひとりが、一隅を灯す火となれば万照となる。この「一燈照隅」の精神は、安岡正篤《まさひろ》師も書物に用いられている。安岡師は、昭和の名宰相とされる佐藤栄作首相から、中曽根康弘首相に至るまで、昭和歴代首相の指南役を務め、さらには三菱グループ、東京電力、住友グループ、近鉄グループ等々、昭和を代表する多くの財界人に師と仰がれた。

安岡師は「一燈照隅」を己の行とし、この一事を呼びかけ続けたという。社員一人ひとりが一隅を灯す火となれば、会社は変化を遂げることができる。わたしどもの活動がまさにそれで、このような会社が増えることで、事業と社会貢献に対して、意欲的・自発的な社員が増えるようになる。彼らは、新事業をスピーディに創造できるので、日本の中小企業が果たす役割がつづき、やがて世界へと発信されていく。

これこそが、わたしどもアルマ・クリエイション社のビジョン、「誰しもが生まれ持った才能を表現する喜びを地球上のすべての人に」という社会の実現であり、わたしどもが目指しているところである。

組織学修と変容型リーダー教育

なぜ1回の研修で、このような変化が起こり始めるのだろうか？

弊社は、マーケティング会社として知られているが、もう1つの顔としてクリエイティブクラスのためのビジネススクールを長年運営してきていることは先にも触れたとおりだ。フォトリーディング、マインドマップ、リーディング・ファシリテーターといったビジネス教育を、過去15年にわたり提供してきた。これが、とても多くの受講者を輩出し、個人会員登録数は、実に20万人を超えた。著名なところでいうと、経済評論家の勝間和代さんもフォトリーディングを学ばれて、個人の才能を飛躍的に開花されたと仰っている。

受講生は、主に「現状を打破したい」と願うイノベーター気質のビジネスパーソンが中心だが、それだけではない。公教育の学校の先生が多数いるのも特徴だ。今でこそ、問題解決型学習PBLや、21世紀型教育、堀江貴文氏著の『多動力』のように、とにかくやってみるという教育のあり方が謳《うた》われ始めている。しかし、15年も前から、教員の中にも日本の教育のあり方について疑問を抱く先生、いわゆる、イノベーター気質の先生たちがいて、そのような方々が、わたしどもの講座にたくさん学びにこられていたのだ。

一体なぜ、これだけ多くのビジネスパーソンや先生が受講されたのか？

それは、学ぶことを楽しみながら、夢中になって、新しいスキルを加速的に身につけられる〝アクセラメンツ〟という「加速教育のメソッド」がベースになっているからである。

アクセラメンツとは、全世界で数十万人が学ばれ、数百名のインストラクターがいる「フォトリーディング」の開発者であるポール・R・シーリィ博士が、約20年の叡智を結集させ、開発された教授法・講座設計法のことである。

アクセラメンツの教材の一部を抜粋しただけでも、多重知性理論（ハワード・ガードナー教授）をはじめ、加速学習・教授学会（SALT）、心理学（ジェームズ・アッシャー博士）、

「フォトリーディング」の開発者、ポール・R・シーリィ博士

教育心理学（ウィン・ウィンガー博士）、脳神経・神経科学（エリック・ジェンセン氏）、NLP（リチャード・バンドラー氏他）、サジェストペディア（ゲオルギー・ロザノフ博士）、マインドマップ（トニー・ブザン氏）、天才教育・組織活動（ピーター・クライン氏）など、参考文献が多数掲載されている。現代のあらゆる叡智が統合され、教

育専門家のフランク・ウィリアムズ氏が開発したモデルをベースとした、高次学習の20の戦略も教材内で紹介されている。

受講者の学びを加速させて、「学び方を学ぶ、そのプロセスを学ぶ」学術的知見とテクニック・実践トレーニング法が網羅されている。いわば、古き叡智から最新の脳科学に至るまでが盛り込まれているのだ。

シーリィ氏は、加速学習の権威であるのと同時に「変容型リーダーシップ学」も研究されているため、受講者自体が、自ら変容を起こし、リーダーとして動きだすように設計がされている。弊社の講座は、ほぼすべての講座が、アクセラメンツで設計されているため、受講生が、たった2日間程度の講座で、成長し自発的に行動を起こすようになり、全く異なるレベルへと変容させられるのだ。

そのためか、受講生同士からたいへん反響があり、口コミも拡大。教育界やビジネス界にも広がっていった。巷のセミナーでは、4人1島のレイアウトでダイアログ（対話）を用いたワークなどが当たり前になっているが、弊社は、助け合い学習、アクティブラーニングも、15年も前から行っていたのだ。

実は、コンサルティングのセッションでも、この加速学習メソッドがベースとなっている。そのため、コンサルティングでありながらも学びながらリーダー育成がなされていくのだ。一例だが、上席コンサルタントである増野《ましの》裕明《ひろあき》氏は、クライアントに向けたセッションをする時は、必ず、次の点を繰り返し言い続け、浸透させている。

1、助け合い学習・インドセット（YES ANDの精神）
2、インプロビゼーションの必要性（変化に即興で対応すること）
3、知る→する→気づく→できる（加速的に学ぶ手順）

こういった背景があるからこそ、お客様の声では、
「メンバー全員のスキルが抜群に上がった。
研修のようで、コンサルティング。不思議な感覚」
という感想があるのだ。さらに、次のような会社もある。
「自社の商品を説明するランディングページ」
このコピーライティングを全社員で作成するという、画期的な組織学習を取り入れた会

＊シアー株式会社のマーケティング・コピーライティング研修の様子。全員が自社の新商品サービスのコピーライティングを１日で作成し、完成したコピーは社長からフィードバックを得る

社がある。全国66校舎、受講者数1万人を誇る日本最大級のボーカルスクール、シアー株式会社（代表取締役社長 高梨雄一朗氏）だ。

この会社では、たった1日で、なんと、9つものランディングページのコピーを書くという組織学修を導入した。運営担当されたシアー株式会社の近藤雅裕氏は、次のように述べている。

「ほぼ全員がランディングページとは何かというところから、作り込むところまで初めての経験でしたが、最終プレゼンでは深掘りし、個性のあるランディングページとなりました。全チームとも深い内容の仕上がりとなり、自分や自社に向き合うことができたと思います。また、ここ数カ月で中途入社した社員も含め事業を深掘り、その価値を知る時間にもなりました。

・サービスを言葉に落としカタチにする。
・シアーらしさを取り入れた差別化。
・顧客の心を鷲づかみにする表現を整えていく。

ということを学び、ランディングページだけでなく全社員が自らが関わっている事業の価値を改めて考え、知る機会になりました。年単位でかかることが１日でカタチになったという印象を持っております」

このように、マーケティングの組織学修を導入すると、スキルを身につけながら、新商品を開発し、さらに、自身の才能と向き合い高めながら、数字結果にまで表れるようになる。こうして会社がダイナミックに変化していくことを、シアー社は示していた。

真摯な社員が育つ企業文化づくり（人間学の学び方：木鶏会）

ここまででセンゲ氏が唱える学習する組織の条件となる5つのディシプリンのうち、自己マスタリー、メンタル・モデル、共有ビジョン、チーム学習の4つに触れた。最後はシステム思考である。

これは「組織や市場や社会における相互関連性を理解すること、多様な個の集まった全体性を感じること」と述べている。

つまり、要素一つひとつがすべてに影響を及ぼすため、どの点1つでも障害が生じると全体に影響を及ぼしてしまうということだ。

まさに、組織内の誰に、何を、どの順番で、どのように、といった形で「論語」と「算盤」それぞれを落とし込むか？　そのシステム・設計が必要というわけだ。

これは、いかに、社長・幹部・社員一人ひとりが「論語」を備えた人間として高め続けていくことができるか？ という、高い視座での仕組みづくりの話になる。もしこれができれば、日本の中小企業は、力強く歩み出すことができるはずだ。

だが、一体どうすればよいだろうか？

考えてもみてほしい。たかが、社員十数名の会社であっても、問題は起きる。これを、大規模な企業で実施することは、容易ではない。いくら算盤の方法を示したところで、根底となる「人としての正しいあり方」や「人としての正しい考え方」、つまり「論語」が根付いていない組織は、どこかで問題が生じてしまう。

わたしどもは、この「論語」を全社員に浸透させ、それを根付かせる仕組みについては、どうしても無理だと、なかば決めつけていた。これは個人で学ぶものであって、会社が粘り強く社員に教えることでもないと思い込んでいたのだ。

しかし、その考えは浅はかで未熟なものであった、ということを思い知ることになる。

その考えを覆してくれたのが『致知』だ。

日々の仕事を通じて、人間力を根底から磨きあげる模範的な教科書ともいえる『致知』。創刊40年を迎えた人間学を学ぶ雑誌で、もちろん知ってはいたのだが、致知出版社が取り組んでいる「木鶏会」という社内読書会の存在を知ったのは、最近のことだった。わたしどもは、そこに活路の光を見出した。

『致知』の愛読者には、稲盛和夫氏、王貞治氏、iPS細胞で知られるノーベル生理学・医学賞受賞の山中伸弥教授、SBIホールディングス社長の北尾吉孝氏、上智大学名誉教授であった故・渡部昇一氏もその1人。錚々《そうそう》たる方々が『致知』を「人間学の雑誌」と称し、愛読されている。紙媒体が部数を落とす中で、今も定期購読数を伸ばしつづけ、11万部超となった。まさに、本書で言うところの「現代の論語」である。

その『致知』を毎月1回、全社員あるいは部門ごとで読み、人間学を組織で学び、深めあう「木鶏会」という読書会があるというのだ。そして、すでに全国では先をゆく1200社もの組織で導入されているというのだから、驚きだ。

そこで、わたしは「社内木鶏会」を導入している会社が集まる「木鶏会」に参加してきた。すでに導入されている複数の会社の方からの声を聞くと、導入前と後で、会社に起きた変化に感動させられる。導入されている会社の方の生の声は次のとおりだ。

- ・（木鶏会をとおして）社長である自分が一番成長させてもらっている。
- ・今ではかつての荒れた社風は全くなくなった。
- ・社員の成長や変化まで分かるようになった。
- ・「美点凝視」で社員同士が感想を分かち合えた。
- ・こんなに素晴らしい人たちと働いていたことに、恥ずかしながら気づいた。
- ・社員の心が豊かになっていくのを実感した。

わたしが無理と決めつけていた「論語」を浸透させ継続的に落とし込んでいくための方法論は、この「論語」にあたる教材を全社員で深め合う「読書会の仕組み」によって解決策が見出せる。そういう期待が湧いた。まずは、わたしどもの自社にも取り入れるべく、現在、致知出版社と打ち合わせ中だ。今回の致知出版社とのご縁により、より一層、社会にお役に立てるという確信に変わった。

明治維新が起こった時代。その中心となった若者たちは、吉田松陰の松下村塾で学んだ人物たちであった。松下村塾で行われていた手法は、現在でいうところの、「読書会」や「ワークショップ」であったという。今を生きるわたしたちも、この時代の変わり目となる今の時代に、読書会・ワークショップは必要だ。つまりは、行動と共創を起こす場である。

くしくも、わたしどもは日本で最大級の読書会コミュニティ「Read for Action」の運営に関わっている。例えば、木鶏会のファシリテーター役に、全国に点在する読書会ファシリーテーター（リーディング・ファシリテーター）が協力すれば、月1回30分程度で、人間学を中小企業に落とし込めるネットワーク・仕組みがご一緒できる。それだけでなく、書籍をテーマごとで変えて、月2～3回、30分程度実施するだけで、「今、自分の会社に必要な学びを、社員が自らチーム学習を行う仕組み」ができあがるのではないかと考えている。今後の共創がとても楽しみだ。

新時代に輝く会社であり続けるために。社内大学院の挑戦
社内文化として人格形成と経営参加を根付かせる

最後に、今、わたしどもが取り組んでいる挑戦をご紹介する。

ここまでの一連の内容を踏まえて、未来につづく会社であり続けるために、「社内に実学の場」、社内大学院をつくろうという試みである。会社が大切にしたい文化・哲学・スキルや知識をカリキュラム化して、社員全員が身につけることができるようになる取り組みだ。こちらは、４社とともに取り組み始めている。

国連が提唱する持続可能な開発目標（ＳＤＧｓ）の達成促進を目的に企業・政府・開発援助機関が参加するグローバルな取り組み「ＢＣｔＡ」参加承認、静脈産業を世界に発信する「会宝産業株式会社」、３代にわたり麹《こうじ》の研究をつづけ、日本の焼酎の種麹の約８割のシェアを手がける「源麹研究所」、経営に母性的なマネジメントを取り入れ、社員の自発性を促し、ホスピタリティに溢れたホテルグリーンコアを経営する「株式会社ナビ」、ご遺族の心を考え抜き寄り添う社員を育てる「株式会社のうひ葬祭」だ。

いずれの会社も、すでに社員教育を熱心に実施し、事業においては各種メディアに取り上げられる先をゆく会社である。

このような先進的な会社が、さらに先の未来を見据えて、事業創造と人材育成に取り組まれることに敬意を表する。機を見つけて、この取り組みを世に発表していきたいと思う。

事業創造と人材育成を同時に循環していく一連の中小企業の支援を事業創造コンサルティングと呼んでいる（＊16）。あなたの会社が「人間学とマーケティング」を持った人材で溢れ、一人ひとりが才能を表現する喜びに満ちた会社となる、その架け橋となることができたら本望だ。これは、わたしの人生の核となるミッションでもあるからだ。最後に、本書でお伝えする内容を実践した会社で起きた変化をまとめてみた。今、何個実現したかをチェックしていただき、その項目を重

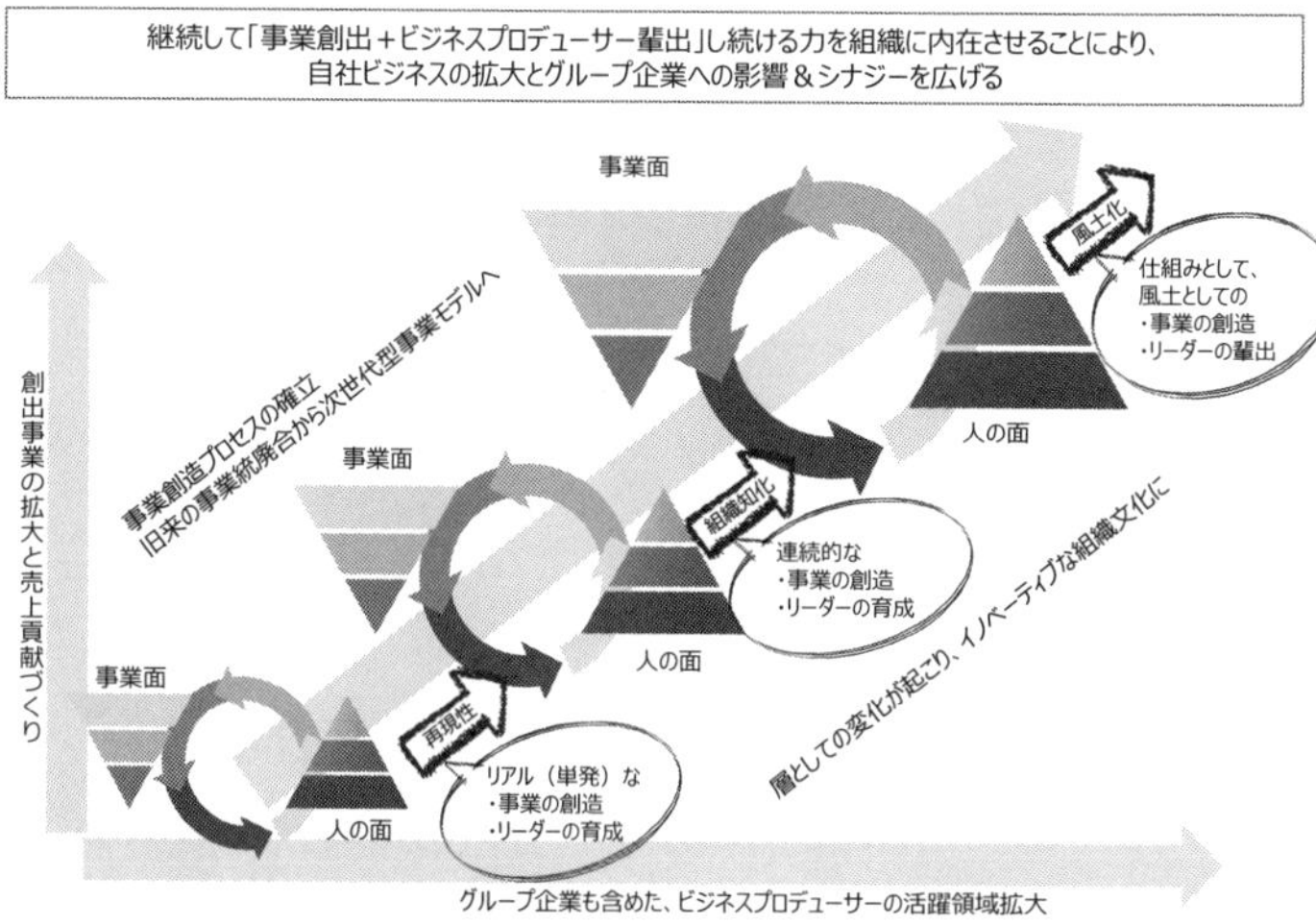

＊16　人材開発（人材価値の創造）、そして事業開発（事業価値の創造）の二分野を統合・連動しながら生み続けるモデル

点的に、何度も読み直していただくとよいだろう。

【本書でお伝えする内容を実践させた会社で起きた11の変化】
＊自社でどれを実現したいかをチェック

□トップが社会変化を捉え、自社の現状を受け入れるようになる。
□トップが自社の真の価値と課題を発見し、決意するようになる。
□トップと幹部リーダーがつながりだす。
□トップと幹部で、未来のビジネスモデルを構想、言語化する。

□コアメンバーが未来に収益の柱になる新成長事業を創り始める。
□未来から応援される会社へ一丸となってリニューアルし始める。
□不足しているスキルを意欲的に身につけるようになる。
□社員は成長しながら、会社は未来へ継がれていくようになっていく。
□事業の真の意味、コンセプトを、社員が理解するようになる。
□新成長事業ができ、次世代の人材へと承継されていくようになる。
□新成長事業をつくる次世代の人材が育つ仕組みができるようになる。

「論語と算盤」この双方を仕組みとして会社に落とし込めることで、会社は永続的な発展に資することができる。そのような意味でも、これから先、「人間学とマーケティング」に取り組むことは必須であり、渋沢氏が説いた真意を体得した企業こそが、「未来につづく会社の条件」であろう。

本書冒頭で挙げた問い

中小企業は「人間学とマーケティング」の2つを

本当に、兼ねそろえることができるのだろうか？

その答えは、最後まで、この書を読みすすめたあなたは、すでに答えを手にしている。それは、

中小企業が「未来につづく会社」になるには、社長が、組織学修を起こそうと思うかどうかの決断だったのだ！

この役目は、この書を手にとった、あなたの役目である。
あなたが組織を動かすのだ。

わたしどもも算盤を提供する会社でありながらも、決して算盤ばかりに目を向けるのではなく、論語と合わせて、生涯学び続け、世のため人のために、あなたとともに邁進したい。

「人材育成とマーケティング」に心血を注ぐリーダーたち

わたしどもと、ここ数年でご一緒したお客様の中には、先に触れた5つの障壁をものともせず、トップ自らが、積極果敢に新成長事業づくりと人材育成モデルに取り組まれている。

こういった先を行く会社とご一緒できていることに、わたしどもも大変嬉しく光栄に思う。その次世代リーダーたちのお声をいただいたので、ご覧いただきたい。本書でお伝えする内容を実践すると、どのような変化が社内に起こり始めたのかが伝わるだろう。

UTグループ株式会社
執行役員　キャリア開発部門副部門長　水田　誠様

「UTが取り組んだ離職率1／3の『新・キャリア研修』」

当社は、「はたらく力でイキイキをつくる」をミッションに、日本のものづくりの現場への人材派遣を中心に事業展開を図ってきました。当社の離職率は業界の中でも低いレベルでしたが、それでも社員の定着率向上は、経営の最優先課題です。

当社の場合、ビジョン浸透型のコンサルティングを受けてトップダウンでスタートしたことが功を奏しました。トップビジョンの明確化からマネジメントを含めた仕組み作りの構築に、1年前から取り組み、その流れを受けた形で、「新卒社員向けキャリア研修」に取り組んだ結果自らのビジョンについて、自分の言葉で語り始めたことが、とても大きな鍵となりました。トップダウンとボトムアップの「両輪」であったことに意味があります。今回アルマ・クリエイション社の「学習環境の整備」と、「フューチャーマッピング」を導入することで、全体像とストーリーをチームで共有し、深めることが可能となりました。その結果、本人も納得し実行可能な未来表現と役割認識を構築することができました。

新卒社員向けキャリア研修は、すぐに結果が表れ、4月に実施したわずか1日の研修で、6月時点での新人の離職率が前年比1／3に減りました。新卒採用の社員がそのまま継続して、派遣先で戦力として活躍していくというのは、①採用者の定着による売上加算　②再採用のコスト削減　③習熟による社員の能力向上＝単価向上、という3つの収支改善効果を同時に生み出します。

経営視点では今回の研修プログラム導入で、社内が「学修する組織」に変化し始めたことを認識できるようになった点が大きな変化です。社員一人ひとりが、自らの将来像と、会社のビジョン、そして将来像実現のための能力開発に真摯に向き合い、行動していくようになったことは、会社としても、社員にとっても理想の姿です。この積み重ねは、時間とともに当社の財産になっていくものと確信しています。

その後当社のキャリア支援の取り組みも試行錯誤しつつも、実績が出始めております。2018年末も厚生労働省の主催する「グッドキャリア企業アワード」で当グループのUTエイムが大賞を受賞するなど、少しずつ外部からご評価・注目頂ける様にもなってきております。

その様な意味では、キャリア支援活動強化のきっかけとなったキャリアパートナー制度の立ち上げ期に貴社にご支援頂けました事、心より感謝しております。

NTTスマートコネクト株式会社
代表取締役社長　白波瀬 章様

「新成長事業つくりと社内ビジネスプロデューサー育成を同時に実現」

テクノロジー変革の業界動向に敏感に対応する必要がありますが、4年ほどの周期で人事異動が慣例となっているのが当社グループの特徴です。そのような環境下で、会社を成長させるために、アルマ・クリエイションさんに相談し、新規成長事業を0から創造し、それを担う3人のビジネスプロデューサーとメンバー5名の人材育成を同時に行いました。結果、5ヶ月でビジネスコンセプトからLP作成・テストマーケティング、価格調査段階では、優良顧客からの引き合いを受け、現在も顧客を創造しつづけております。選抜されたメンバーは、一連の、新事業創造のステップを実践し、実際に、自分たちの手でお客様を獲得したことで、スキルだけでなく自信もつき、社内にそのスキルを提供する立場になりました。

ここに至るまでの一連の過程においては、「全社員」が自身の才能を、会社で思う存分発揮してもらうための研修を実施し、契約・派遣・正社員分け隔てなく、フューチャーマッピングを描きました。新規事業を創造しながら、若手の人材育成の双方を同時に行いながら、会社のビジョンと個人ビジョンの共有に至るまで行うことで、未来に選ばれる会社の基盤づくりを一緒に行ってもらっております。

●経営企画部　課長様「実際に、手を動かしながらLPまで創った経験が大きい。価格調査のアンケートを取るという点は、自身も知らなかったので、とても勉強になった。次に、〝新規事業を創ろう〟という話になっても、テキストどおりの流れで行っていけばいいんだ、という振り返れるものがある。すでに経験してきたというのが大きい」

●経営企画部　事業開発担当者様　「実際にテストマーケティングで、価格調査のためのランディングページ（プロトタイプ）を作成しFacebook広告をうったら、テストマーケティング段階で、狙い通りのターゲット（年商15億、社員数200名程度）の会社から一緒にやりたい、という強い引き合いをいただいた。実感が湧いてすごく嬉しい」

辻・本郷税理士法人
執行理事　経営企画室室長　黒仁田　健様
「若手リーダーが育成、自発的な自走型組織へ転換」

特に印象深かったのは、フューチャーマッピングのチャートが、潜在的に頭の片隅に残っており、事前にサイクルが予期でき、行動が抑止できるようになったことです。それに、重要な物事・タイミングに気が付く、チャンスを逃さない感覚が身についたと感じています。

また、社内の若手リーダー育成ができ、前向きに行動していく原動力となったのが大きかったのと、会議が変わりました。目的をもって、参加者の意見が出せる運営方法により、効率的で、決定ができる場となりました。

自らが考え実践していくことで、受講者がたくさんの刺激を受け、よりよい経験になったと反響を受けています。重要とわかっていても、一人ではチャンスや手段に気付けないこともあります。〝深く考える〟ことを学び、さらに革新的な意識づけをすることがアクションプランを継続実行していく力になると思います。

今まで、コンサルティングというのは、コンサルタントがイメージする枠組みに誘導するようなことが多い気がしていましたが、アルマ・クリエイションのコンサルティングでは、双方間のアイデアを共有しながら、新しいものをつくり上げていくので、納得感が強く、実際の行動をすることができる、真のコンサルティングだと感じます。アルマ・クリエイションのコンサルティングは、経営者がトップダウンで何事も決めている会社や成長したいと思っている会社には最適じゃないでしょうか。

その他、現在進行中の企業では、次のような声もあがっている。他にたくさんコンサルティング会社や研修会社がある中で、その違いに言及をしていただいているので、大切に参考にしている。


「他のコンサルティング会社とは、全く違う」

「いわゆる、指差し型コンサルタント、ではない」

「コンサルタントの押し付けの意見をするのではなく、自分たちで進めているんだ！　という実感がある」

「メンバー全員のスキルが抜群に上がった。研修のようで、コンサルティング。不思議な感覚」

「今まで他で学んだこともすべて、包含して分かりやすい」

「後から、なるほどなぁという気づきが多くて深い」

「自分たちの進捗理解度ペースを理解してもらい、絶妙なテンポでプロジェクトを進めてもらえる」

「単に、プロジェクトを進めるだけでなく、そこに携わる〝人〟のことまで考えてくれる」

「社員の特徴を引き出し、未来の組織まで考えてくれていて、適材適所で采配をふるえるようになった」

「既存社外パートナーと揉めることなく、良好に推進してくれるのは、すごくありがたかった」

「毎回、頭から湯気が出るほど、考えさせられています。うちの会社は変わる、という実感を感じています」

【読者特典・特別付録】新成長事業づくりの7ステップ解説

アルマ・クリエイション株式会社の経営者勉強会コミュニティ「次世代マーケティング実践会（通称：Ｔｈｅ 実践会）」の非売品専門誌『マーケティング・アクション・ジャーナル』第46号特集 あなたの会社に未来に成長する収益の柱はありますか？

ダウンロードＵＲＬは、こちら↓

https://www.the-jissenkai.com/book/ningengaku

＊ダウンロードできない場合は、著者まで直接、お問い合わせください。

(a-ikeda@almacreations.jp)

あとがき

脱稿にあたり、どうしても感謝を申し上げたい方がいます。ミールケア株式会社・代表取締役の関幸博社長。関社長との出会いがなければ、本書は生まれませんでした。関社長のお人柄に惹かれ、人として経営者として、学ばせていただくことが多々ありました。お役に立ちたいという情熱が湧きあがり執筆の決断に至ったのです。この場を借りて、深く御礼申し上げます。

本書は、ただただ、目の前の仕事に真剣に向き合い、真摯に生きる中小企業の経営者のみなさまのお力になりたいという想いで書きあげたものです。今では、たまたま、それを執筆するお役目にあっただけのようにさえ思います。「論語と算盤」という壮大なテーマと重ね合わせた内容としてまとめるには、相当のプレッシャーと10カ月の時間を要しました。日々の活動と合わせての執筆、土日と祝日の全てを執筆にあて、愛する家族4人と戯れる憩いの時間も自制し、ひたすら原稿と向き合いました。本書内では、算盤会社、論語会社と例えていますが、どちらの会社かによって心に響く箇所は異なるでしょう。

わたしどもが提唱した算盤の内容は、いつも高い視座の「鳥の目」、未来視点の「魚の目」です。一方、本書は、現場で起きている生々しい実態、「虫の目」視点で挑んだ書です。そのため、他の書とは一風かわった印象を受けられたでしょう。しかし、今こそ、虫の目で地に足をつけて中小企業が変容していく様を伝える必要性を感じたのです。その様は、まさに「論語と算盤」を兼ね揃えた企業へ、さなぎから蝶へ脱皮するかのようです。未来を不安に思いながら、今を生き抜く多くの中小企業にとって、いつでも手元に置ける活用書になったのではと手応えを感じています。

共著者の神田さんには、わたしと初めて執筆をするということで、多大なるご指導をいただきました。チャレンジを許可してくださり、とても貴重な学びを享受し、わたし自身も大きく成長させていただいたと深く感謝しております。コンサルティング現場で、いつもご一緒している上席コンサルタント増野裕明さん、山崎賢司さん、長沼明子さん。みなさまとの活動が、このように1冊の書として、世に発信されることになりましたことを、とても嬉しく思っております。特に、増野さんには、本書の構成、ならびに詳細にまで助言をいただきました。致知出版社の藤尾秀昭社長には本書出版の機会を賜り、小森俊司さんには原稿が完成するまでを信じてお待ちいただきました。最後の最後で、原稿の手直しをする期間をいただきましたおかげで、妥協ない書籍にすることができました。

実は、本書には隠れたもう1つのテーマがあります。それは、「次世代の未来のリーダー」に向けたものです。ここまで会社を築きあげた先代の経営者に敬意を表し、それを受け継がれるあなた。あなたと一緒に「未来へつづく会社」にし、社会をよりよいものにしようという願いを込めております。わたしは現在40歳、社会においても責任ある立場の年齢になりました。まえがきにあったように教育の世界で18年経営に従事し、その間、「教育」と「経営」という2つのバランス、中庸の大切さを常に感じてきました。そこから導かれるかのように、現職のコンサルティング事業責任者へ転身。戸惑いもありましたが、突き詰めると、目指すものは1つであったことに天命を感じております。「論語と算盤」を組織学修することで「未来へつづく会社」となり、その中心にいるあなたとともに在りたいと願っております。利他の精神に満ちたあなたとどこかでお会いできることを祈念し、筆を擱《お》きます。

２０１９年１月

池田 篤史

【参考書籍】

・『現代語訳 論語と算盤』渋沢 栄一・著／守屋 淳・訳（ちくま書房）
・『論語と算盤【上】自己修養篇』渋沢栄一・著／奥野宣之・現代語訳（致知出版社）
・『論語と算盤【下】人生活学篇』渋沢栄一・著／奥野宣之・現代語訳（致知出版社）
・公益財団法人　渋沢栄一記念財団ホームページ
・『中庸に学ぶ』伊與田覺・著（致知出版社）
・『「ＪＡＬの奇跡」大田嘉仁・著（致知出版社）
・『致知』（２０１８年12月号）特集「古典力入門」
・『致知』（２０１７年11月号）特集「一剣を持して起つ」
『売り込まなくても売れる！――説得いらずの高確率セールス』ジャック・ワース、ニコラス・Ｅ・ルーベン・著／坂本希久子、神田昌典・著（フォレスト出版）
・『コトラーのマーケティング４・０スマートフォン時代の究極法則』フィリップ・コトラー、ヘルマワン・カルタジャヤ・著／イワン・セティアワン・著／恩藏直人・監修／藤井清美・訳（朝日新聞出版）
・『プロフェッショナルの条件』Ｐ・Ｆ・ドラッカー・著／上田 惇生・訳（ダイヤモンド社）
・『京セラフィロソフィ』稲盛和夫・著（サンマーク出版）

・『アメーバ経営　ひとりひとりの社員が主役』稲盛和夫・著（日本経済新聞社）
・『成功の要諦』稲盛和夫・著（致知出版社）
・『あなたの会社が90日で儲かる！』神田昌典・著（フォレスト出版）
・『口コミ伝染病』神田昌典・著（フォレスト出版）
・『60分間・企業ダントツ化プロジェクト　顧客感情をベースにした戦略構築法』神田昌典・著（ダイヤモンド社）
・『稼ぐ言葉の法則』神田昌典・著（ダイヤモンド社）
・『ストーリー思考』神田昌典・著（ダイヤモンド社）
・『おもてなし幻想：デジタル時代の顧客満足と収益の関係』マシュー・ディクソン、ニック・トーマン、リック・デリシ・著／神田　昌典、リブ・コンサルティング・監修／安藤貴子・訳（実業之日本社）
・『成約のコード：デジタルツールと営業現場を連動する最強ノウハウ』クリス・スミス・著／神田　昌典・監修）、齋藤慎子・訳（実業之日本社）
・『日本再興戦略』落合陽一・著（幻冬舎）
・『２０２２―これから10年、活躍できる人の条件』神田昌典・著（ＰＨＰビジネス新書）
・『禁断のセールスコピーライティング』神田昌典・著（フォレスト出版）
・『ザ・コピーライティング』ジョン・ケープルズ・著、神田昌典・監修、齋藤慎子、依

田卓巳・訳（ダイヤモンド社）
・『伝説のコピーライティング・実践バイブル』ロバート・コリアー・著／神田昌典・監修／齋藤 慎子・訳（ダイヤモンド社）
・『最強のコピーライティングバイブル』横田 伊佐男・著／神田昌典・監修（ダイヤモンド社）
・『致知』（2018年5月号）特集「利他に生きる」
・『サイロ・エフェクト 高度な専門化社会の罠』ジリアン テット・著／土方奈美・訳（文藝春秋）
・『マーケティング・アクション・ジャーナル（第46号）』（アルマ・クリエイション）
・『Simplify マーケットを支配する最強のビジネス戦略』リチャード・コッチ、グレッグ・ロックウッド・著（ダイレクト出版）
・『学習する組織』ピーター M センゲ・著／枝廣淳子、小田 理一郎、中小路佳代子・訳（英治出版）
・『SIMPLE RULES「仕事が速い人」はここまでシンプルに考える』ドナルド・サル、キャスリーン・アイゼンハート・著、戸塚隆将・監修（三笠書房）
・『スクラム 仕事が4倍早くなる世界標準のチーム戦術』ジェフ サザーランド・著／石垣賀子・翻訳（早川書房）

・『英雄の旅 ヒーローズ・ジャーニー 12のアーキタイプを知り、人生と世界を変える』キャロル・S・ピアソン・著／鏡リュウジ・監修／鈴木彩織・訳（実務教育出版）
・『人生の法則』藤尾秀昭・著（致知出版社）
・『小さな人生論』藤尾秀昭・著（致知出版社）
・『論語に学ぶ』安岡正篤・著（PHP文庫）
・『ビジネスモデル・ジェネレーション ビジネスモデル設計書』アレックス・オスターワルダー、イヴ・ピニュール・著／小山 龍介・訳（翔泳社）
・『6分間文章術』中野巧・著（ダイヤモンド社）
・『売れる文章術』中野巧・著（フォレスト出版）
・『一瞬でキャッシュを生む！ 価格戦略プロジェクト』主藤孝司・著／神田昌典・監修（ダイヤモンド社）
・『システム・シンキングトレーニングブック――持続的成長を可能にする組織変革のための8つの問題解決思考法』ダニエル キム、バージニア アンダーソン・著、宮川雅明、川瀬誠、ニューチャーネットワークス・訳（日本能率協会マネジメントセンター）
・『ビジネスモデルYOU』ティム・クラーク、アレックス・オスターワルダー、イヴ・ピニュール・著／神田昌典・訳（翔泳社）

・『U理論―過去や偏見にとらわれず、本当に必要な「変化」を生み出す技術』Cオットー・シャーマー・著／中土井僚、由佐美加子・訳（英治出版）

用語解説

［1］『売り込まなくても売れる！——説得いらずの高確率セールス』（フォレスト出版）で触れているノウハウ
［2］KGI……重要目標達成指標
［3］KPI……重要業績評価指標
［4］NPV……正味現在価値
［5］ROI……投資利益率、投資対効果
［6］LTV……顧客生涯価値、顧客が生まれてから死ぬまでの間にもたらしてくれる価値
［7］CPA……1件の顧客を獲得するためにかかったコスト。顧客獲得単価
［8］NPS……顧客ロイヤルティ（企業やブランドに対する愛着・信頼の度合い）
［9］CES……顧客努力指標
［10］PEST……Politics（政治）、Economy（経済）、Society（社会）、Technology（技術）的要因
［11］5F……競合、新規参入社、代替品、売り手、買い手
［12］3C……Customer（市場・顧客）・Competitor（競合）・Company（自社）
［13］SWOT……外部環境分析（機会／脅威の分析）と内部環境分析（強み／弱みの分析）
［14］STP……セグメンテーション、ターゲティング、ポジショニング
［15］4P……製品（Product）、価格（Price）、流通（Place）、プロモーション（Promotion）
［16］VRIO……Value（経済価値）、Rarity[Rareness]（希少性）、Imitability（模倣可能性）、４Organization（組織）

〈著者略歴〉

神田昌典（かんだ・まさのり）

経営コンサルタント・作家
アルマ・クリエイション株式会社　代表取締役
日本最大級の読書会である、一般社団法人リードフォーアクション　代表理事上智大学外国語学部卒。ニューヨーク大学経済学修士、ペンシルバニア大学ウォートンスクール経営学修士。大学３年次に外交官試験合格、４年次より外務省経済部に勤務。戦略コンサルティング会社、米国家電メーカーの日本代表として活躍後、1998年、経営コンサルタントとして独立。『GQ JAPAN』（2007年11月号）では、“日本のトップマーケター”に選出。2012年、アマゾン年間ビジネス書売上ランキング第１位。2018年　国際的マーケティング賞として著名な「ECHO賞」の、国際審査員に選出。ビジネス分野のみならず、教育界でも精力的な活動を行っている。

池田篤史（いけだ・あつし）

アルマ・クリエイション株式会社　マネジングディレクター
神田昌典主宰４００社の中小企業の経営者が集う次世代マーケティング実践会「（通称）The実践会」を含む、中小企業、中堅・上場企業の経営コンサルティングを行う「事業創造コンサルティング部」事業部長。経営トップ・幹部の意思を、組織に浸透させていくプロセス構築・実行支援で、多数の実績。元々、18年間、20校以上のビジネススクール、社会人スクールの経営責任者およびマネジメントに従事。担当した全校を赤字から黒字化、健全経営へ転換。質の高い教育と持続的経営のバランスをとる経営手法で、3万人超の受講生、ビジネスパーソンのキャリア開発をサポート。企業のみならず、学校法人の生徒募集、経営支援においても効果をあげるマーケティング計画を立案・実行してきた。継続的な結果を生むため、デジタルツールとアナログツールを活用しながら、組織内で循環するコミュニケーション・チャンネル構築に秀でる。

人間学×マーケティング

平成三十一年二月二十五日第一刷発行

著　者　神田昌典
　　　　池田篤史
発行者　藤尾　秀昭
発行所　致知出版社
〒150-0001 東京都渋谷区神宮前四の二十四の九
TEL（〇三）三七九六—二一一一
印刷・製本　中央精版印刷
落丁・乱丁はお取替え致します。　（検印廃止）

ISBN978-4-8009-1199-5 C0034
ホームページ　https://www.chichi.co.jp
Eメール　books@chichi.co.jp